4 Lj 40 36

Paris
1870

Roman, Joseph

Sigillographie du diocèse de Gap

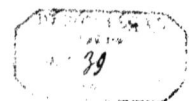

SIGILLOGRAPHIE

DU

DIOCÈSE DE GAP

GRENOBLE. — TYPOGRAPHIE ET LITHOGRAPHIE DE F. ALLIER PÈRE & FILS
GRANDE-RUE, 8.

MONUMENTS DE L'HISTOIRE DES HAUTES-ALPES

SIGILLOGRAPHIE

DU

DIOCÈSE DE GAP

PAR

J. ROMAN

AVOCAT

Président de la section de Sigillographie de la Société française de Numismatique
et d'Archéologie.

PARIS	GRENOBLE
ROLLIN ET FENARDENT	MAISONVILLE ET JOURDAN
Éditeurs	Éditeurs
Rue Vivienne, 12	Grande-Rue, 23

1870

ERRATA

P. 12, l. 9.

Annet de la Pérouse, lisez : *de Pérouse*.

P. 51, l. 9.

Turenne et Cervolle : Cervolle, dit l'Archiprêtre, ravagea une partie du Dauphiné en 1357, et Raymond de Turenne se révolta contre le comte de Provence en 1390 : il ne pouvait donc être question de l'un ni de l'autre en 1366. Il s'agissait probablement à cette époque de certaines bandes connues sous le nom de *Tard-Venus*.

P. 87, l. 25.

Sclafardii : Ce mot existe dans la copie conservée aux archives du chapitre, mais il faut probablement le remplacer par *Sclassardii*, c'est-à-dire musiciens. Ce mot ne se trouve pas dans le glossaire de Ducange.

PRÉFACE

PRÉFACE.

Depuis quelques années l'attention des savants s'est portée vers les monuments sigillographiques que nous a légués le moyen-âge, et ces témoins de cette époque reculée de notre histoire ont été étudiés avec une faveur pleinement justifiée par leur importance historique et artistique.

La sigillographie est loin d'être une science complète : elle ne date que d'hier. Au siècle dernier les savants la considéraient comme un accessoire de la diplomatique et les sceaux comme les simples garants de l'authenticité des actes auxquels ils étaient suspendus. Depuis peu de temps seulement on a compris tout l'intérêt que pouvaient présenter ces débris fragiles des siècles passés.

La sigillographie, en effet, aussi bien que la numismatique, la diplomatique et l'épigraphie, est désormais l'un des éléments les plus indispensables des études historiques et artistiques sur le moyen-âge. Cette époque intéressante de notre histoire revit tout entière dans les types et les légendes des sceaux : architecture civile et militaire, art héraldique, armes d'attaque et de défense, symbolique, habillement, mobilier, tout s'y retrouve souvent reproduit avec un art merveilleux par la main d'un artiste habile. La sigillographie ne participe point de la monotonie fatale à laquelle est condamnée la numismatique féodale par son caractère officiel et commercial ; les lois d'immobilisation et de dégénérescence des types qui dominent toute notre numismatique au moyen-âge n'existent point pour les sceaux. Ce sont des œuvres toutes indisviduelles dans lesquelles l'imagination et le goût de l'artiste peuvent se donner libre carrière et que son intérêt lui conseille de rendre aussi belles et aussi parfaites que possible.

Aussi des ouvrages importants ont-ils été publiés depuis quelques années sur cette matière. M. N. de Wailly, dans ses *Éléments de paléographie*, avait, le premier, tracé la voie; après lui sont venus M. Hucher dans sa *Sigillographie du Maine*, MM. Hermand et Deschamps dans leur *Histoire sigillaire de Saint-Omer*, et M. C. Robert surtout dans son remarquable ouvrage sur la *Sigillographie de Toul*. Enfin M. Douët d'Arcq a presque terminé la publication de son *Inventaire des empreintes de sceaux des archives de l'Empire*, qui jusqu'à présent est l'ouvrage classique en cette matière. Après des publications d'une telle valeur, la sigillographie n'est plus lettre close pour personne, et les lois générales qui régissent cette science commencent à se dégager.

Cependant une quantité considérable de sceaux reste encore à publier. M. de Laborde (1) évalue à deux cent mille environ le nombre

---

(1) *Préface de l'inventaire des sceaux des archives de l'Empire.*

total de ceux que renferment les diverses archives de France, et à l'heure actuelle plus de la moitié sont certainement inédits. La sigillographie pourra prétendre à être une science complète ayant ses lois générales et sa méthode à elle, alors seulement que tout ou presque tout aura été publié et gravé, alors seulement qu'un savant laborieux aura dressé un vaste catalogue sigillographique conçu dans le même esprit que le catalogue de la numismatique féodale de M. Poey d'Avant.

Je vais essayer de combler une lacune en publiant tous les sceaux relatifs au diocèse de Gap, l'un des plus pauvres et des plus ignorés de France; les spécimens sigillographiques appartenant à ce diocèse, que je suis parvenu à réunir, le cèdent certainement en nombre et en beauté à ce que nous offrent les grands évêchés du nord de la France : Metz, Saint-Omer, Toul, etc. Nos évêques et nos seigneurs n'étaient point assez riches pour faire graver les matrices de leurs sceaux par des orfèvres en renom et pour nous léguer ainsi des merveilles artistiques comme on en trouve de si remarquables exemples dans d'autres provinces.

Du reste, dans le midi de la France l'organisation ancienne et puissante des notaires impériaux suffisait à donner aux actes publics un caractère d'authenticité irrécusable; aussi les seigneurs ecclésiastiques ou séculiers se dispensèrent-ils souvent d'y suspendre leurs sceaux. C'est pourquoi on n'en peut trouver qu'un petit nombre, mais appartenant la plupart à des personnages de quelque importance. L'exemple suivant cité par M. de Laborde nous dispense à cet égard de tout commentaire; les archives de Lille et celles de Marseille contiennent chacune un nombre à peu près égal de chartes et d'actes publics du moyen-âge; cependant les premières renferment trente mille sceaux et les autre trois mille à peine.

On ne sera donc pas étonné que je ne puisse publier plus de cent vingt-et-un sceaux du diocèse de Gap.

Il est encore une autre cause à notre infériorité relative. Presque toutes les archives du département des Hautes-Alpes, et spécialement celles de l'évêché et de l'église de Gap, ont été détruites à plusieurs reprises, d'abord pendant les guerres religieuses du xvie siècle, et ensuite lors de l'invasion des troupes du duc de Savoie en 1692.

Depuis le commencement du siècle bien des documents précieux ont encore péri, aussi faut-il de longues et fatigantes recherches pour recueillir dans nos contrées un nombre respectable de monuments sigillographiques.

Malgré leur petit nombre ils offriront, je l'espère, un intérêt réel, et précisément en raison de notre éloignement des centres riches et populeux, on y trouvera quelques types curieux dont on chercherait vainement d'autres exemples dans des collections plus nombreuses et plus belles.

Parmi les cent vingt-et-un sceaux décrits dans le cours de cet ouvrage, quatre-vingt-dix-neuf sont tout-à-fait inédits et treize seulement ont déjà reçu les honneurs de la gravure.

J'aurais pu me contenter de rédiger une sèche nomenclature des sceaux sans les accompagner d'aucun commentaire ; j'ai préféré cependant y joindre quelques courts aperçus historiques pour initier le lecteur à la vie politique si peu connue de nos contrées au moyen-âge. J'ai fait tous mes efforts pour rendre mes divisions aussi claires et aussi logiques que possible, et je dois avouer du reste que l'excellent ouvrage de M. Ch. Robert sur la *Sigillographie de Toul* m'a servi, pour atteindre ce but, de guide et de modèle.

J'ai dessiné moi-même avec le plus grand soin tous les sceaux que je publie, et presque tous ont trouvé place dans les planches qui suivent et complètent le texte, gravées par MM. Fugère et Forest, bien connus par plusieurs excellents travaux du même genre.

Je ne puis terminer cette courte préface sans adresser des remerciments publics, d'abord à M. Douët d'Arcq, chef de section aux archives de l'Empire, puis à M. l'Archiviste du département des Hautes-Alpes, et à MM. les Conservateurs des archives municipales et capitulaires ; tous m'ont laissé puiser à pleine main dans les richesses qui leur sont confiées, et si j'ai pu écrire cet ouvrage c'est à eux que je le dois.

Gap, 15 juillet 1869.

INTRODUCTION

INTRODUCTION.

La partie inférieure du Dauphiné n'a pas encore été l'objet de travaux complets et approfondis, il n'est donc pas inutile, avant de décrire les sceaux du diocèse de Gap, de jeter un coup d'œil rapide sur son histoire générale.

Le diocèse de Gap, différent en cela d'un grand nombre de diocèses de France, ne correspondait pas exactement au territoire d'une ancienne cité gauloise : il comprenait une partie des Voconcii, les Tricorii, une partie des Caturiges et plusieurs de ces petites peuplades habitant les bords de la Durance, qui, sous le nom d'Esubiani, Siconii, Virodunenses, etc., faisaient probablement partie d'une vaste confédération.

Plus tard, le diocèse de Gap se trouva former une découpure

bizarre relevant en partie du Dauphiné et en partie de la Provence : le Champsaur, les baronnies de Montmaur, d'Arzeliers et tout le pays situé au-delà de la rivière du Buëch firent toujours partie du Dauphiné; la vicomté de Tallard, le triangle compris entre le confluent de la Durance et du Buëch, et tout le territoire situé au-delà de la Durance firent partie au contraire de la Provence; Gap et son territoire fut longtemps un sujet de contestation entre les deux puissances rivales de la Provence et du Dauphiné.

Cette division singulière explique la longue indépendance et la souveraineté presque absolue dont jouirent les évêques de Gap jusqu'au commencement du XVIe siècle. Cet état de choses anormal prit naissance dans un fait curieux et dont il existe peu d'exemples en France, dans une nouvelle conquête accomplie à la fin du Xe siècle et dans un nouveau partage fait à cette époque entre les conquérants.

On ne connaît pas exactement l'étendue du diocèse de Gap sous les deux premières races, les noms même de la plupart des évêques de cette époque ne sont pas venus jusqu'à nous. Il est probable qu'après avoir fait partie du royaume des Burgondes, puis de l'empire des fils de Clovis, Gap reçut de la main de Charlemagne, comme beaucoup d'autres villes, des comtes amovibles, véritables gouverneurs, chargés de protéger également par l'épée les droits de l'Église et ceux de l'empereur : dans beaucoup de villes, ces comtes, devenus in...endants à la mort de Charlemagne, donnèrent naissance aux *plus grandes races féodales : il n'en fut pas de même dans le diocèse de Gap. Peu de temps après la mort du grand empereur, le Dauphiné presque tout entier fut envahi par une race étrangère ; les traditions populaires, unanimes à cet égard, et les anciens actes écrits les nomment Sarrasins ; depuis on a prétendu qu'une invasion de Sarrasins à cette époque étant un fait absolument impossible, cette race étrangère devait être venue non des rivages de l'Afrique, mais du fond de la Germanie. Sans entrer à cet égard dans des discussions inutiles, il est certain et reconnu par tous, qu'à la fin du IXe siècle le Dauphiné, et surtout les diocèses de Gap et d'Embrun étaient tombés entre les mains de barbares, qui l'opprimaient, chassaient les évêques et étaient devenus seigneurs des terres. Depuis longtemps déjà on avait expulsé les étrangers du Graisivaudan et de tout le nord de la Provence, qu'ils tenaient encore le Haut-Dauphiné.*

Enfin, une sorte de croisade fut organisée par les plus puissants seigneurs des environs, ils voulurent se délivrer du voisinage toujours inquiétant de la race étrangère. Les Dauphins, les comtes de Provence et les princes d'Orange entrèrent à la fois sur le territoire ennemi suivis d'une foule de seigneurs, l'étranger fut chassé au-delà des Alpes ou refoulé dans les vallées inaccessibles de Freyssinières, les évêques rétablis, et on procéda à un partage des terres conquises.

Les Dauphins conservèrent le Champsaur ; les princes d'Orange, la vicomté de Tallard, les comtes de Provence, toutes les terres situées en-deçà de la Durance; les Montauban eurent la baronnie de Montmaur; les Mévouillon (1), presque tout ce qui était au-delà du Buëch et la baronnie d'Arzeliers; une foule d'autres seigneurs eurent des terres plus ou moins considérables. La souveraineté de Gap et de son territoire fut partagée entre l'évêque et les comtes de Provence, qui y établirent des vicomtes sous leur suzeraineté.

Ce fut en 992 que Gap et tout le diocèse furent délivrés; de cette époque date l'établissement de la féodalité dans les Alpes, et ce fait explique la singulière division du territoire du diocèse de Gap.

Les vicomtes de Gapençais étaient certainement d'une forte et puissante race; outre la ville de Gap, ils possédaient plus de vingt fiefs importants en Provence et spécialement dans le diocèse de Gap, les terres de Mison, Dromon, Volonne, Valerne, Châteaufort, Thoard, Valavoire, Lescalle, Besaudun, etc.; cinq ou six vicomtes de leur race gouvernèrent Gap successivement et plusieurs des évêques de cette ville, pendant le XIe siècle, furent pris dans cette puissante famille.

Les chartes de Saint-Victor nous ont transmis le nom de plusieurs des vicomtes de Gap.

---

(1) Les aïeux des Montauban, des Mévouillon, etc., ne portaient évidemment pas ces noms en 992, puisqu'à cette époque l'usage des noms de famille n'était pas encore adopté : Je leur ai donné pourtant les noms qu'eurent leurs descendants pour la clarté du récit.

Le plus ancien est peut-être cet Ysoard qui, en 1020 et 1030, assisté de sa femme Dalmatia, de ses fils Pierre et Guillaume, et de Waldemar, son frère, fait des donations à Saint-Victor, dans le comté de Gap : Ysoard ne porte pas dans ces actes le titre de vicomte. En 1045 et 1050, Pierre, vicomte de Gap et fils de Dalmatia, apparaît dans deux chartes avec sa femme Inguelburge et Ysoard, son fils. Ce dernier lui succéda et avec sa grand'mère Dalmatia, sa femme Pétronille et son frère Bertrand, est partie ou témoin dans des actes de 1058, 1062, 1069 et 1080 ; vers cette dernière époque, il va combattre les infidèles en Espagne. Hugues lui succéda ; mais en 1095 ayant refusé de suivre Guillaume d'Urgel, comte de Provence, son suzerain, à la première croisade, il fut excommunié, dépouillé de tous ses biens, et le comté de Gap revint à la maison de Provence.

Ces nouveaux seigneurs n'exercèrent à Gap qu'une autorité tout à fait illusoire et, dès cette époque, les évêques de Gap peuvent être considérés comme seigneurs indépendants. Enfin, ils obtiennent, en 1178, de l'empereur d'Allemagne, souverain nominal de l'ancien royaume d'Arles, une charte qui les investit de tous les droits régaliens et leur donne une souveraineté absolue sur Gap et son territoire.

En 1202, le comte de Provence marie Béatrix, sa fille, au dauphin Guigue-André et lui donne en dot le comté de Gap ; mais bientôt Béatrix est répudiée et se retire dans un couvent en faisant une donation de tous ses biens au mari qui la repoussait. En vertu de cet acte, le Dauphin voulut conserver le comté de Gap, le comte de Provence, de son côté, le réclamait. Habiles à tirer parti de cette situation, les évêques eurent le talent de conserver leur indépendance entre leurs deux puissants voisins, rendant hommage au plus fort et le recevant du plus faible, ménagés par tous deux, trouvant dans chacun un défenseur contre les entreprises de l'autre, conservant toujours dans la ville de Gap les droits utiles, et ne donnant à leurs rivaux qu'un haut domaine imaginaire qui ne leur conférait aucun privilége sérieux. Cet état de choses dura aussi longtemps que les couronnes de Provence et de Dauphiné ne furent pas réunies sur une même tête.

Lorsque Louis XI fut devenu maître de la Provence, on devait prévoir que bientôt les évêques de Gap perdraient toute souveraineté. A la fin du XVe siècle, en effet, ils n'étaient plus seigneurs temporels; en 1511 ils prêtaient hommage au Roi-Dauphin, et ne conservaient de leur ancienne puissance que le titre de comtes de Gap.

Les monuments sigillographiques du diocèse de Gap se divisent naturellement en deux séries: les sceaux religieux et les sceaux civils. Les sceaux religieux comprennent ceux:

I. *Des évêques de Gap;*

II. *Du chapitre de Saint-Arnoul;*

III. *Des abbayes et couvents;*

IV. *Des prieurés.*

Les sceaux civils comprennent ceux :

I. *Des dauphins portant le titre de comtes de Gapençais;*

II. *Des seigneurs féodaux;*

III. *De la ville de Gap;*

IV. *Des juridictions royales à partir du XVIe siècle.*

Chacune de ces catégories formera une division traitée à part. Les sceaux des juridictions exercées par les évêques, les seigneurs ou les abbayes ont été décrits à la suite de ceux de ces divers personnages ou établissements.

PREMIÈRE PARTIE

SCEAUX RELIGIEUX

I.
ÉVÊQUES.

CHAPITRE I.

CONSIDÉRATIONS HISTORIQUES.

ARTICLE I. — TEMPS ANTÉRIEURS A L'ÉTABLISSEMENT RÉGULIER DU POUVOIR TEMPOREL DES ÉVÊQUES.

La plupart des églises de France prétendent remonter à une haute antiquité, celle de Gap n'a pas cru devoir manquer à cette tradition, elle prétend descendre directement des Apôtres par saint Démétrius, leur disciple immédiat et son premier pasteur en l'an 86 de J.-C. Il est certain, d'un autre côté, que l'Église de Gap fut représentée pour la première fois au petit concile d'Orange, en 441.

L'épiscopat de saint Démétrius et celui de plusieurs de ses successeurs rentrent donc dans la légende, et n'ont rien à faire avec l'histoire. Du reste, il existe incontestablement une foule d'erreurs et d'omissions dans la liste des évêques de Gap, telle qu'elle est venue jusqu'à nous. Saint Démétrius et ses trente premiers successeurs, de l'an 86 à l'an 1074, auraient, d'après ces listes, gouverné l'Église de Gap, en moyenne, pendant trente-quatre ans et demi, tandis que les relevés statistiques prouvent d'une façon indubitable que la durée ordinaire de l'épiscopat des évêques ne dépasse pas onze ou douze ans. Il faut donc regarder la fondation de l'Église de Gap comme infiniment moins ancienne qu'elle ne le prétend, et les listes de ses évêques comme mutilées et tronquées d'une façon déplorable.

Du reste, il est à remarquer qu'au milieu du siècle dernier, l'évêque Annet de la Pérouse, en réformant le bréviaire de Gap, retrancha le nom de Démétrius et de ses cinq successeurs immédiats du nombre des saints spécialement honorés dans le diocèse, leur existence ne lui ayant pas paru suffisamment démontrée.

On connaît à peine les noms des évêques de Gap sous la domination Mérovingienne; on peut, toutefois, citer Sagittaire, dont a parlé Grégoire de Tours, prélat violent et débauché, toujours armé de l'épée et couvert de la cuirasse. Il combattit vaillamment contre les Lombards avec le patrice Mummol, fut déposé deux fois, au concile de Lyon et au synode de Châlons, et, enfin, fut tué par un soldat au milieu des Pyrénées, dans lesquelles il s'était réfugié avec Mummol, dont il avait partagé la trahison et la défaite (560-579).

'rey lui succéda, l'Église en a fait un saint : sa vie est un tissu de légendes peu dignes de foi, on sait seulement qu'il fut l'ami du pape Grégoire le Grand et qu'il administra son diocèse avec justice (579-608).

Les successeurs de saint Arey sont presque oubliés; la lumière commence à se faire à la fin du Xe siècle seulement, alors que Gap, soustrait à la domination étrangère, voit la souveraineté partagée entre ses évêques et ses vicomtes.

Beaucoup des évêques qui gouvernèrent l'Église à cette époque, paraissent avoir appartenu à la race des vicomtes de Gap : on peut citer, parmi eux, Féraud, Rupert, Léger et Isoard, dont les noms paraissent plusieurs fois dans les chartes de Saint-Victor, à côté de ceux des vicomtes de Gap.

Rupert avait obtenu son siége d'évêque par la simonie; les Gapençais supplièrent, dit-on, le pape de lui donner un successeur, il y consentit et leur envoya Arnoul, qui gouverna en paix le diocèse pendant dix ans (1065-1075). L'Église en a fait un saint, et l'Église et la ville de Gap l'ont choisi pour leur patron.

Après lui, nous rencontrons Armand (1092-1106), sous lequel les vicomtes de Gap furent dépouillés de leur souveraineté; Léger II (1106-1123), sous lequel fut fondée l'abbaye des Chartreux de Durbon, et, enfin, nous arrivons à Guillaume Ier, qui reçut l'investiture solennelle des droits régaliens dans la ville de Gap et son territoire.

ARTICLE II. — ÉTENDUE DU DIOCÈSE DE GAP ET JURIDICTION SPIRITUELLE DE L'ÉVÊQUE.

Dès la plus haute antiquité, les évêques de Gap reconnaissaient pour métropolitain l'archevêque d'Aix.

Le diocèse de Gap était médiocrement étendu, il ne comprenait pas plus de deux cent vingt-cinq paroisses environ; j'ai déjà parlé de sa position bizarre à cheval à la fois sur la Provence et le Dauphiné, et j'en ai donné la raison.

L'évêque avait juridiction spirituelle sur toutes les parties de son diocèse où une juridiction spéciale n'avait pas été établie. Il exerçait cette juridiction ecclésiastique suivant les règles ordinaires du droit canon, par un official et un vicaire général, assistés probablement, en l'absence de l'évêque, par un conseil composé d'un certain nombre de gens d'église.

Les actions civiles et criminelles des clercs entre eux, et même celles intentées à des clercs par des séculiers ressortissaient de la juridiction de l'official. Peut-être même, quelquefois, ce fonctionnaire ecclésiastique s'était-il permis de prononcer sur des procès entre simples citoyens, puisque nous voyons dans l'art. 7 de la transaction du 15 mai 1383, l'évêque renoncer à son droit d'évocation et interdire formellement à l'official de s'immiscer désormais dans les affaires civiles.

ARTICLE III. — FORMATION DE LA SOUVERAINETÉ TEMPORELLE.

Nous avons vu les évêques de Gap recevoir, en 992, de Guillaume, comte de Provence, la moitié de la souveraineté de Gap et de son territoire : cette investiture fut accompagnée probablement de donations considérables, car nous voyons, dès cette époque, l'évêque propriétaire d'un grand nombre de terres et de châteaux.

Il n'est pas probable, du reste, que les évêques aient exercé utilement, pendant le premier siècle qui suivit l'expulsion des étrangers, la portion de souveraineté qui leur avait été concédée : ils durent à cet égard avoir à subir une rude guerre de la part des vicomtes établis à leur côté. Le nombre de prélats de la famille de ces derniers élevés, à cette époque, sur le siége pontifical de Gap, prouve que le pouvoir épiscopal était subordonné à la puissance séculière et manquait totalement d'indépendance.

Quand les vicomtes eurent été dépouillés de leur titre et de leurs biens, les évêques durent commencer à exercer utilement des droits considérables : les comtes de Provence étaient éloignés et peu en mesure de surveiller leurs vassaux ; les évêques purent à cette époque, par une série d'usurpations successives, arriver à s'emparer d'une souveraineté presque absolue.

Une bulle de l'empereur Frédéric Ier, de 1178, investissant l'évêque de tous les droits régaliens, ne fit probablement que reconnaître et régulariser un état de choses déjà existant, sans s'inquiéter du reste des droits que le comte de Provence pouvait légitimement faire valoir sur le comté de Gap. Voici le texte même de cette bulle de laquelle date régulièrement la puissance temporelle de nos évêques.

« Fredericus Domini favente clementia Romanorum imperator
« Augustus, imperialem decet excelentiam populatorum suorum
« notis stationabilibus benignum probare assensum, ut fidelis de-
« votio celerem sortiatur effectum. Universis ergo imperii nostri
« fidelibus, tam futuris quam presentibus, notum fieri volumus
« qualiter nos venerabili viro ac dilecto principi nostro Gregorio,
« Vapincensi episcopo, accepta ab ipso fidelitate et homagio, omnia
« regalia per legitimam investituram concessimus, que ipse et eccle-
« sia sua jure ab imperio debet tenere hac itaque sive alia quelibet
« bona et possessiones quas prelatus episcopus in presentiarum
« juste possidet aut in posterum legitime poterit adipisci et nostra
« auctoritate confirmamus et presentis scripti pagina ei ac suæ
« ecclesiæ corroboramus, statuentes et imperiali edicto distrute
« percipientes : nec quisque maschio, aut comes, aut civitas aut
« aliqua prorsus persona magna seu parva memoratum episcopum
« aut suam ecclesiam inpersona seu in rebus deletare, terrere, gra-
« vare audeat aut molestare presumat; quod si quis contra hujus
« nostri edicti constitutionem fecit, pena vigenti libras auri fiatur,
« quarum una medietate fisco imperiali, altera vero episcopo per-
« solvatur. Datum apud Arelate, anno Domini 1178, indictione
« undecima secunda kalendarum augusti mensi. »

L'évêque de Gap put donc exercer, à partir de cette époque, les droits régaliens qui venaient de lui être concédés sur Gap, son territoire et toutes les terres épiscopales du diocèse. Elles étaient nombreuses et les principales étaient : Rambaud, La Bastie-Neuve, La Bastie-Vieille, Charence, La Fare, Poligny, Le Noyer, Le Glezil, Laye, Lazer, Lestrait, Châteauvieux, Reynier, Sigoyer-Malpoil, Tournefort, Mont-Rovert et Redortier; il prétendait encore à des droits importants sur les terres de Manteyer, Rabou, Chaudun, Montmaur, etc.

Dans presque toutes ces terres il exerçait le droit de haute et basse justice et, à Gap, il avait établi un atelier monétaire, qui fonctionna pendant peu de temps, il est vrai, et dont les spécimens comptent parmi les plus rares de la série baronnale.

Quoiqu'il eût à lutter constamment contre les prétentions du Chapitre, contre les droits de la commune de Gap, qui défendait énergiquement ses libertés, et contre les envahissements successifs des Dauphins, l'évêque de Gap conserva sa puissance presque intacte jusqu'au milieu du XVe siècle et la plupart de ses droits jusqu'au commencement du XVIe siècle. Nous lisons, dans une transaction du 11 juin 1392 sur la dîme du vin, entre l'évêque et les citoyens de Gap, ces curieuses paroles qui confirment ce que j'avance : « Lesdits
« citoyens ayant toujours été et étant bons et fidèles à ladite Église
« et attachés à icelle aussi bien que leurs prédécesseurs, comme il
« paraît de ce que la cité de Gap à cause de la valeur, fidélité et
« fermeté desdits citoyens est restée seule en-deçà du Rhône, sous
« la domination de ladite Église et exemptée de toute autre domina-
« tion temporelle... (1) »

---

(1) Extrait d'une traduction faite au XVIIe siècle, conservée aux archives municipales de Gap.

Les évêques de Gap, en recevant des empereurs d'Allemagne l'investiture des droits régaliens, prirent le titre de seigneurs de Gap (*Episcopus et dominus Vapincensis*). Les actes authentiques leur donnent ce titre seul jusqu'au commencement du xvie siècle. A cette époque seulement et après avoir perdu toute souveraineté temporelle, ils adoptèrent le titre plus ambitieux de comte de Gap et le conservèrent jusqu'en 1789 ; quelques-uns y joignirent celui de comte de Charence ; un seul prit le titre de prince, c'est l'évêque Berger de Malissolles, en 1727, au concile réuni à Embrun pour juger le janséniste Soanen, évêque de Senez.

Les revenus de l'évêché de Gap très considérables au moyen âge, furent, par la suite, grandement amoindris ; en perdant le droit de justice, les évêques perdirent la perception des amendes et des frais de procès ; plus tard, à l'époque des guerres de religion, la noblesse, presque toute protestante, s'empara des dîmes et revenus ecclésiastiques ; les châteaux épiscopaux furent saisis ou détruits, l'évêque fut même contraint de céder à Lesdiguières toutes ses terres du Champsaur, pour pouvoir rentrer dans sa ville épiscopale.

En 1789, le diocèse de Gap ne rapportait plus à l'évêque que onze mille livres de rente.

ARTICLE IV. — MODE D'ACCESSION AU SIÈGE ÉPISCOPAL.

Dans l'ancienne Église chrétienne, les évêques étaient librement élus par tous les fidèles ; ce droit d'élection s'exerça constamment jusqu'à l'invasion des barbares et à l'établissement de la race Franke dans les Gaules. Depuis cette époque et pendant les deux premières races, le pouvoir royal eut une grande influence sur la nomination des évêques; Clovis et ses successeurs, d'après Grégoire de Tours, nommèrent souvent directement aux évêchés sans consulter les fidèles, et Charles-Martel distribuait même des évêchés et des bénéfices à ses compagnons d'armes, qui n'étaient certainement pas de grands clercs.

Le droit d'élection, toujours inscrit dans le droit canon, recommença à s'exercer librement lors de l'abaissement du pouvoir royal et de l'établissement de la féodalité.

Au xiie siècle les chapitres usurpèrent, malgré de nombreuses protestations, le droit de nommer les évêques. L'élu du chapitre attendait, pour prendre le titre d'évêque et en exercer les droits, l'approbation du pape et l'expédition de ses bulles; jusque-là, il s'appelait simplement élu (*electus*), et avait un sceau spécial comme nous le verrons en décrivant ceux d'Othon II.

Mais le Saint-Siége voyait d'un mauvais œil les chapitres conserver et exercer le droit d'élection; fidèle à sa politique de centralisation, il voulut arriver à placer la nomination des évêques dans la main du pape. Il y réussit en entourant les élections d'une foule de formalités minutieuses: une seule était-elle violée, l'élection était annulée, on voyait arriver un nouvel évêque nommé directement par le pape, et on l'acceptait faute de mieux. Les chapitres devaient en outre procéder sans délai à l'élection, au moindre retard, à la moindre discussion, à la moindre hésitation entre plusieurs concurrents, un évêque nommé par le pape tranchait la difficulté en s'emparant du siége tant disputé. Les luttes de ce genre entre le corps électoral et le pape se renouvelèrent fréquemment au moyen âge; le Saint-Siége finit par l'emporter; à partir du xve siècle, il nomma directement aux évêchés. Après le concordat passé entre François Ier et le Saint-Siége, la nomination des évêques appartint directement au roi, sauf approbation du pape.

ARTICLE V. — JURIDICTION TEMPORELLE DES ÉVÊQUES DE GAP.

L'évêque avait un droit absolu de haute et basse justice dans la ville de Gap, son territoire et toutes les terres épiscopales. Il nommait les juges, percevait les amendes et faisait exécuter les jugements, même lorsqu'il s'agissait d'infractions aux règlements municipaux.

La cour de Gap connaissait aussi bien des affaires civiles que des affaires criminelles, sans cependant pouvoir procéder criminellement pour les affaires civiles.

Elle se composait d'un juge, d'un lieutenant du juge, d'un greffier et d'*appariteurs* ou sergents chargés d'exécuter ses jugements.

Les parties étaient représentées par des officiers qui portaient déjà le nom de *procureurs*.

La cour percevait un droit au sceau et il était soigneusement spécifié dans les transactions, entre la commune de Gap et l'évêque, quel était ce droit et dans quel cas il pouvait être légalement perçu. Chaque année, le juge choisissait parmi les notables citoyens de Gap deux *communaux* ou *estimateurs*, chargés de régler les questions de baux, de bornage et de limitation, d'évaluer la valeur des propriétés en litige ou des dommages causés; ils constituaient un véritable tribunal de paix chargé de prévenir les procès et d'amener des transactions. Les contrats et les actes authentiques étaient rédigés par des notaires nommés impériaux et épiscopaux, qui, souvent, suspendaient à leurs actes pour leur donner plus d'autorité les bulles ou les sceaux des évêques.

Nous avons dit que le juge de la cour de Gap connaissait également des causes criminelles; dans ce cas, il devait probablement s'adjoindre des assesseurs faisant fonction de jurés ; ils étaient évidemment pris parmi les gens d'Église, car les transactions entre l'évêque et la ville sont muettes à cet égard. L'évêque s'était interdit le droit de faire grâce, comme contraire aux libertés municipales de Gap.

Le juge de police se nommait *courrier*. Dans le cas d'infraction aux règlements municipaux, il s'adjoignait deux prud'hommes nommés par les syndics de la ville, mais l'amende était versée entre les mains du *clavaire* ou trésorier de l'évêque. Le courrier avait la surveillance des portes et remparts de la ville, il convoquait et dirigeait les patrouilles (*cherches*) de la garde urbaine de Gap, et avait sous ses ordres les sergents, les gardes du territoire et le crieur public.

Les frais de justice étaient versés en totalité entre les mains du greffier, qui en faisait la répartition entre les procureurs, sergents, etc.

L'évêque avait établi des juges dans ses principales terres, mais nous ignorons, faute de documents, comment se composaient ces tribunaux inférieurs et comment s'y exerçait la justice.

Les appellations de ces divers tribunaux, au civil et au criminel, ressortissaient du conseil d'appeaux ou d'appellations de l'évêque. En principe, lui-même devait connaître des appels et prononcer ces jugements définitifs, mais, le plus souvent, il est probable que le vicaire général ou l'official, assistés d'un conseil de gens d'Église devaient présider ce tribunal d'appel par délégation de l'évêque.

En 1300, Jean, comte de Gapençais, fils du Dauphin, acquit, en vertu d'une sentence arbitrale du 6 septembre, le droit d'avoir un juge dans la ville de Gap; mais lorsque le dauphin Humbert Ier, père de Jean, voulut, en vertu de ce droit, transférer à Gap le siége de son bailliage du Gapençais, établi à Serres, il fut contraint d'y renoncer en présence de l'opposition du roi de Provence et de l'attitude de l'évêque Geoffroy de Launcel, bien déterminé à ne point laisser empiéter sur sa juridiction.

En 1511 seulement, Gabriel de Sclafanatis fut contraint par Louis XII, qui s'était déjà saisi de son temporel, de consentir à voir une juridiction royale s'établir à côté de la sienne. L'évêque fut autorisé, du reste, à conserver sa cour de Gap, mais sous la condition que les appels en pourraient être portés directement au Parlement de Grenoble, qui pouvait recevoir également les appels de la cour d'appellations de l'évêque.

A partir de cette époque, la juridiction temporelle de l'évêque n'exista plus en fait. Il continua néanmoins, jusqu'à la Révolution française, à nommer un juge pour la forme, mais bientôt il ne lui resta plus réellement que la juridiction inférieure de police : elle continua à être rendue en son nom, et fut le seul indice de la puissance considérable qu'il avait possédée pendant plusieurs siècles.

CHAPITRE II.

COUP D'ŒIL SUR LES SCEAUX DES ÉVÊQUES DE GAP.

ARTICLE 1er. — ANCIENNETÉ DES SCEAUX DES ÉVÊQUES
DE GAP.

Les actes originaux antérieurs au milieu du XIIe siècle et dans lesquels les évêques de Gap apparaissent comme parties ou comme témoins sont fort rares : les chartes insérées dans le Cartulaire de Saint-Victor, et où paraissent les noms des évêques Féraud (1030), Rupert Ier (1060), Rupert II (1075), Léger Ier (1080), Léger II (1105), Pierre (1129), ne mentionnent en aucune façon les sceaux de ces évêques.

Les actes conservés dans les archives départementales, municipales et capitulaires de Gap ne portent aucun sceau antérieur à l'investiture des droits régaliens, donnée à nos évêques en 1178. Les cordons d'un sceau de Guillaume Ier, aujourd'hui détruit, pendants à un acte de 1180, sont le premier indice de cette nature que nous ayons à signaler. Nous avons cependant décrit et fait graver, d'après les archives de Marseille, un sceau du même évêque joint à un acte de 1175, c'est-à-dire antérieur de trois ans à la bulle de Frédéric Ier.

ARTICLE II. — MATIÈRE, FORME, ATTACHES ET COULEUR.

Les évêques, pendant les deux premières races, scellèrent leurs actes avec leurs anneaux; c'était presque toujours une pierre antique, quelquefois entourée d'une étroite légende.

Au xe siècle seulement, ils se firent graver de larges matrices en bronze, portant leur nom, leurs qualités et leur image.

Les premiers sceaux furent en cire, appliqués contre l'acte; ils étaient maintenus par un bourrelet produit par la cire encore chaude, passant au travers d'une ouverture ménagée dans le parchemin. On renonça bientôt à ce mode de sceller à cause des fraudes nombreuses qu'il engendrait, et les sceaux furent suspendus aux chartes par des attaches de peau, soie, fil ou parchemin.

Dans le nord de la France, les évêques adoptèrent presque constamment, du xiie au xvie siècle, les sceaux en forme de double ogive et, comme matière, la cire. Dans le midi, au contraire, imitant la chancellerie romaine, ils employèrent généralement des bulles de plomb de forme orbiculaire, avec empreinte sur les deux faces. Cet usage se perdit vers le xive siècle, et les bulles furent remplacées par des sceaux de plus grande dimension, de forme ogivale, tantôt composés de gâteaux de cire d'une seule couleur, tantôt d'une mince couche de cire colorée contenue dans une coque ovoïdale de cire blanche ou jaune, présentant la forme d'un œuf coupé en deux. Les cardinaux et les légats d'Avignon employèrent ce mode de sceller et contribuèrent à le répandre.

L'usage de recouvrir la cire de papier avant de lui donner l'empreinte s'introduisit de bonne heure dans le Midi, à l'imitation de la chancellerie papale d'Avignon, qui procédait de cette manière. Dès le milieu du xv⁰ siècle, on trouve de nombreux exemples de sceaux recouverts de papier, d'abord appendus par des lacs de parchemin, puis appliqués contre l'acte. Cette dernière manière de sceller fut employée jusqu'à la Révolution française. Peu d'usages ont été aussi funestes à la conservation des sceaux ; le papier intercalé entre la cire et la matrice, ôtait à l'empreinte toute espèce de finesse et de relief, le gâteau de cire très mince se brisait promptement pour ne laisser subsister que son enveloppe, sur laquelle, au bout de peu de temps, il était impossible de rien reconnaître, le papier ayant rapidement repris par la pression sa forme naturelle.

L'évêché de Gap, situé en partie sur le Dauphiné, en partie sur la Provence, paraît s'être ressenti à la fois des usages du nord et de ceux du midi. Jusqu'au premier quart du xiii⁰ siècle, les évêques ont dû employer uniquement les sceaux en cire ; pendant les cinquante ans qui suivirent, ils employèrent concurremment les sceaux de cire et les bulles de plomb ; à partir du dernier quart du xiii⁰ siècle jusqu'au milieu du xiv⁰, nous ne trouvons plus que des bulles.

Tous les sceaux de cire des évêques de Gap, jusqu'à cette époque, sont de forme ogivale, de cire jaune et suspendus par des attaches de peau, des cordons de soie rouge ou verte ou de fil blanc et rouge, bleu ou jaune. Souvent la cire paraît avoir été mélangée de craie, ce qui lui donnait plus de consistance et de fermeté, mais la rendait très friable.

Les bulles, au contraire, sont de forme orbiculaire et empreintes sur les deux faces : après l'opération de la frappe ou de la coulée, on donnait à leurs bords une forme régulière à l'aide de limes ou de cisailles dont les marques se reconnaissent encore. Elles étaient suspendues par des attaches semblables à celles des sceaux en cire.

A partir du milieu du xiv⁰ siècle jusqu'à la fin du xv⁰, malgré mes recherches, je n'ai pu découvrir que trois spécimens des sceaux de nos évêques. L'habitude prise à cette époque de suspendre les sceaux à de larges bandes de parchemin ne laissant de chaque côté qu'un étroit bourrelet de cire, a dû, outre la fragilité de la matière elle-même, amener la destruction d'une grande quantité de ces monuments.

Le sceau de Jacques de Montauban (1365-1399), que j'ai décrit à sa place, est en cire rouge et suspendu de la manière que je viens de critiquer.

Celui de Gaucher de Forcalquier (1442-1484) est fait à l'imitation de ceux des cardinaux, c'est-à-dire composé d'une mince feuille de cire rouge encastrée dans une volumineuse coque ovoïdale en cire blanche, et suspendu par des cordons de fil.

Les évêques de Gap employèrent ensuite les sceaux recouverts de papier, les grands suspendus à des queues de parchemin, les petits appliqués sur l'acte, jusqu'au milieu du xvie siècle, puis constamment appliqués sur de la pâte jusqu'à la Révolution française. Parfois même ils scellèrent les actes de moindre importance avec leur simple cachet imprimé sur cire d'Espagne.

Les bulles des évêques de Gap ont en moyenne quarante millimètres de diamètre; la plus petite, qui est la dernière en date, mesure trente-cinq millimètres, la plus grande quarante-deux. Les premiers sceaux de cire mesurent sur leur plus grand axe de quarante-six à soixante millimètres; les plus anciens sont les plus grands. Ceux, au contraire, qui remplacèrent les bulles paraissent avoir atteint des dimensions bien supérieures; celui de Gaucher de Forcalquier ne mesure pas moins de quatre-vingt-deux millimètres. Les sceaux plaqués sur papier, en usage depuis le xvie siècle, sont de moindre grandeur; les grands sceaux varient entre trente-cinq et cinquante millimètres; un grand sceau de Paparin de Chaumont (1572-1600) atteint, par extraordinaire, soixante-deux millimètres : les petits sceaux, généralement anépigraphes, n'ont pas plus de vingt à trente millimètres.

Malgré tous mes efforts, il m'a été impossible de trouver aucune corrélation entre la matière, la couleur et les attaches des sceaux et la teneur de l'acte auquel ils sont joints. Nos évêques employaient également la cire ou le plomb, qu'ils fussent témoins ou parties dans les actes, et ils suspendaient indifféremment leurs sceaux avec de la peau, du parchemin, de la ficelle vulgaire, de la soie ou des cordons de fil multicolore.

ARTICLE III. — DU TYPE.

Les sceaux des évêques de Gap se divisent, quant au type, en trois groupes différents, suivant qu'ils représentent l'image de l'évêque, celle des saints, des armoiries.

1ᵉʳ GROUPE.

Sur les sceaux et les bulles l'évêque est représenté debout ou assis.

L'évêque est représenté assis, tenant la crosse et bénissant, sur un sceau d'Othon II (1279), et sur un autre de Gaucher de Forcalquier (1458): ce sont les deux seuls exemples de cette représentation que nous ayons à signaler.

Il est représenté debout, de la fin du xɪɪe siècle au milieu du xɪve, mitré, tenant la crosse et bénissant de côté: le sceau de Guillaume Iᵉʳ (1201) fait seul exception à cette règle, l'évêque y tient sa crosse transversalement et bénit par devant.

Sur tous les sceaux et les bulles de cette époque, on distingue la tunique, parfois ornée de broderies, et la chasuble fort large relevée sur les bras, quelquefois bordée au collet d'un large orfroi. Souvent aussi on remarque l'aube descendant jusqu'au milieu de la tunique. L'amict se reconnaît, à mon avis, dans ce bourrelet saillant que l'on distingue autour du cou de presque tous les évêques représentés sur nos sceaux et qui se relève de chaque côté en forme de croissant. Quelquefois les doubles pendants du manipule se voient au bras gauche de l'évêque; nous croyons voir apparaître l'étole sur le sceau d'Othon II (1263), sans toutefois l'affirmer à cause de l'affaissement de la cire.

La crosse est toujours tenue verticalement, sauf sur le sceau de Guillaume Ier (1201); le croçon, simple dès le début et plus tard orné, est tourné indifféremment en dehors ou en dedans; la mitre est cornue sur le sceau de Grégoire Ier (1175), mais droite sur tous les autres. Les pendants de la mitre se distinguent sur la bulle de Raymond de Mévouillon (1288). L'évêque est ganté de larges gants descendant jusqu'au milieu du bras sur les bulles de Raymond (1288) et de Geoffroy (1291).

Il nous reste à signaler deux curieux spécimens d'habillement : Guillaume d'Esclapon est revêtu sur sa bulle (1231) d'un camail orné d'une rangée verticale de boutons, et sa tête est coiffée, par humilité sans doute, d'un capuchon conique. Othon II, évêque élu, mais non encore agréé par le Saint-Siége, est tête nue, sans mitre ni crosse, mais debout, vêtu d'une robe à capuchon et tenant des deux mains un livre sur sa poitrine.

Le revers des bulles est toujours le même, c'est le bras de saint Arnoul en pal et bénissant.

Dans toute la série sigillographique des évêques de Gap, je n'ai trouvé aucun contre-sceau.

2me GROUPE.

Du milieu du xive au xvie siècle, l'architecture apparaît et domine dans les sceaux : le style gothique y développe librement ses pinacles et ses ogives; dans l'intérieur du monument sont représentés les saints patrons de l'évêque ou de l'Église; au-dessus, la Vierge en buste ou assise tenant son fils entre ses bras. L'évêque à genoux est relégué dans une niche placée à l'extrémité inférieure du sceau et accostée d'écussons armoriés.

3me GROUPE.

Les sceaux armoriaux commencent à la fin du xve siècle pour finir à la Révolution française. Tous ceux que nous avons découverts sont plaqués, cependant il dut y en avoir d'appendus, comme l'attestent les queues de parchemin servant à supporter un sceau de Gabriel de Clermont (1527-1568), aujourd'hui détruit, visibles à un acte conservé aux archives départementales.

Jusqu'en 1600, l'écusson est accosté généralement de la crosse et de l'épée, symboles des juridictions spirituelle et temporelle de l'évêque, et timbré de la mitre. A partir du xviie siècle, le chapeau épiscopal surmonte le tout. La couronne de comte remplace, en 1660, la mitre qui surmonte, dès lors, la pointe de l'épée : quelques évêques, grands seigneurs, remplacèrent à la fin du xviiie siècle la couronne de comte par celle de duc cimée d'une garde d'épée.

ARTICLE IV. — DES LÉGENDES.

Les légendes des sceaux de nos évêques se composent uniformément du nom du prélat suivi de la formule : DEI GRATIA EPISCOPI

VAPINCENSIS, ou de ces deux derniers mots seulement, jusqu'à la fin du xve siècle. Pendant cette période, la légende commence par le mot SIGILLVM ou quelques-unes des lettres initiales de ce mot. Tant que les évêques employèrent des sceaux de cire, le mot SIGILLVM fut inscrit aussi bien sur leurs sceaux que sur leurs bulles : le mot BVLLA se rencontre seulement à partir de Raymond de Mévouillon (1288) qui, le premier, usa exclusivement de bulles de plomb.

Du xvie siècle à la Révolution, les petits sceaux sont généralement anépigraphes.

A partir de 1660, l'évêque ajoute à son titre celui de comte de Gap : EPISCOPVS ET COMES VAPINCENSIS. Par exception, celui de Paparin de Chaumont (1576) le qualifie de : MISERATIONE DIVINA EPISCOPVS VAPINCENSIS COMESQVE CHARENTIÆ, titre emprunté à un château voisin de Gap et acheté par les évêques, en 1309.

Les inscriptions des premiers sceaux de nos évêques sont en capitales, sauf les lettres ᴍ et σ qui déjà sont onciales ; il faut y ajouter, dès 1200, le ɛ, les ɑ, les ɴ, les ᴏ et les ᴅ. L'alphabet oncial est exclusivement employé de 1280 jusqu'au milieu du xve siècle : il est remplacé à cette époque par la cursive gothique.

Au commencement du xvie siècle, la capitale de la Renaissance prend à son tour la place de la gothique et est seule employée jusqu'à la Révolution.

CHAPITRE III.

DESCRIPTION DES SCEAUX DES EVEQUES.

GRÉGOIRE I (1157-1180).

Nous avons indiqué comment Grégoire fut investi en 1178, par Frédéric Barberousse, de tous les droits régaliens; par une bulle antérieure de deux ans à cette investiture, et dont nous parlerons plus longuement dans l'article spécial consacré au Chapitre de Saint-Arnoul, le pape Alexandre III avait soustrait ce Chapitre à la juridiction spirituelle et temporelle de l'évêque de Gap, pour l'assujettir à celle de son doyen seulement.

SCEAUX.

N° 1. ✠ SIGILLU. GREGORII : VAPINCENSIS. EPI. L'évêque debout de face sur une base cylindrique, revêtu de la tunique, de l'aube, de la chasuble et de l'amict, coiffé de la mitre cornue, bénissant de la main droite et tenant de la gauche une crosse, dont le croçon tourné en dehors est orné d'un fleuron : à son bras gauche est un anneau.

Sceau ogival de cinquante-six millimètres en cire jaune, suspendu par des attaches de peau.

Appendu à une donation par Guillaume de Forcalquier à Isnard Borra, précepteur de l'hôpital de Saint-Jean de Manosque, de la moitié de son moulin, sis à Manosque, sur les rives de la Durance. Sisteron. 1175.

Archives de Marseille.

GUILLAUME II (1180-1203).

Cet évêque, qui était né à Gap, exerçait depuis 1172 les fonctions d'abbé de Saint-Denis en France. Il obtint en 1184, de Frédéric Barberousse, une charte confirmant sa bulle de 1178; ce nouvel acte stipulait que personne ne pourrait à l'avenir acquérir, sans le consentement de l'évêque, de fief dans les terres sur lesquelles s'étendait la juridiction épiscopale.

Guillaume était versé dans les belles-lettres et avait traduit en latin quelques ouvrages grecs.

SCEAUX.

Nº 2. ✠ SIGILLU. UILELM. D......... SIS .. COPI. L'évêque debout de face, vêtu de la tunique et de la chasuble, coiffé de la mitre droite, bénissant par devant de la main droite et tenant de la gauche une crosse transversale, le croçon tourné en dehors.

Sceau ogival de quarante-cinq millimètres en cire jaune, suspendu par des attaches de peau.

Appendu à une enquête faite par l'évêque de Gap, sur les différends intervenus entre le couvent de Durbon et les Templiers de Lus, à propos de droits de pâturage à Lus. Gap. 1201.

..... *dicta autem testimonia authenticare decreri sigilli mei impressione apponendo.*

Archives des Hautes-Alpes.

La crosse transversale est ordinairement l'indice de sceaux fort anciens : à Gap, cette représentation a été usitée à une époque relativement récente, comme l'indique le sceau que je viens de décrire.

GUILLAUME III DE GIBELIN (1204-1212).

Guillaume était prieur de la chartreuse de Durbon lorsqu'il fut appelé au siége épiscopal de Gap. En 1206, François d'Assises passa dans cette ville et y fonda un couvent de son ordre; un couvent de Trinitaires fut fondé peu après à la Motte-du-Caire.

En 1209, Guillaume assista au concile d'Avignon, où les Toulousains furent excommuniés pour n'avoir pas chassé les malheureux réfugiés Albigeois.

En 1212, notre évêque rendit hommage, sur l'ordre du pape, à Raymond Bérenger, comte de Provence et de Forcalquier.

SCEAUX.

N° 3. ✠ SIGILLUM. VU. VAPINCENSIS. EPISCOPI : L'évêque debout de face, revêtu de la tunique, de l'aube, de la chasuble et de l'amict, coiffé de la mitre, bénissant de la main droite et tenant de la gauche, une crosse dont le croçon est tourné en dehors.

Sceau ogival de soixante millimètres en cire jaune, suspendu par des attaches de peau.

Appendu à une transaction entre le couvent de Saint-Marcel de Die et l'abbaye de Durbon, au sujet de l'église de Saint-Julien donnée par Guillaume II à Saint-Marcel de Die, et par Guillaume I, son prédécesseur, à Durbon. Gap. 1204.

Sigilli nostri impressione signamus hanc cartam.

Archives des Hautes-Alpes.

Il existe deux autres exemplaires de ce sceau aux mêmes archives, suspendus à des actes de 1204 et 1205 par des cordons vert et rouge-blanc.

GRÉGOIRE II (1212-1214).

Sous l'épiscopat de Grégoire II, on jeta les fondements du couvent des Frères-Mineurs de Gap. On ignore les autres actes de son administration.

HUGUES (1214-1217).

On ne connaît rien d'important du règne de cet évêque, qui ne fit que passer sur le siége de Gap.

Je n'ai découvert aucun monument sigillographique de lui, ni de son prédécesseur.

GUILLAUME IV D'ESCLAPON (1217-1235),

Originaire d'Esclapon en Provence, était abbé de Lérins lorsqu'il fut nommé à l'évêché de Gap.

L'acte le plus important arrivé sous son épiscopat fut l'hommage que lui rendit le dauphin Guigues-André pour tous les biens qu'il possédait dans le territoire soumis à sa juridiction, le 18 octobre 1222.

SCEAUX.

No 4. ... ʀʀ. ᴛᴀʀɪɴᴄᴇɴ : ᴇᴘɪ.ᴄᴏᴘɪ. L'évêque debout de face, sur une base rectangulaire, revêtu de la tunique, de l'aube (?), de la chasuble et de l'amict, coiffé de la mitre, bénissant de la main droite et tenant de la gauche une crosse dont le croçon est tourné en dehors.

Sceau ogival de cinquante millimètres environ, en cire jaune, suspendu par des lacs de parchemin.

Appendu à une vente faite en son nom personnel et au nom de sa mère par Philippe, bourgeois, d'un moulin et d'autres propriétés à Me Étienne, chanoine de Gap. Gap, 1226.

<small>Archives du chapitre de Saint-Arnoul.</small>

No 5. ✠ ʙ. ᴀʀɴᴜʟᴘʜ. ᴅᴇʙᴄʜᴀʀᴏ. L'évêque debout sur une base rectangulaire, vêtu de la tunique très ornée, de la chasuble et d'un camail au milieu duquel se voit une rangée de boutons et dont le capuchon conique lui couvre la tête, bénissant de la main droite et tenant de la main gauche une crosse dont le croçon est tourné en dedans.

ɴ̃. ᴇʀɪʙᴄᴏᴘɪ. ᴛᴀʀɪɴᴄᴀᴇɴꜱɪꜱ. Bras de saint Arnoul en pal et bénissant.

Bulle de plomb orbiculaire, suspendue par des attaches de peau et de trente-huit millimètres de diamètre.

Appendue à une donation faite à Durbon par Falcon de Veynes et Falcon, son frère, d'une partie du terrain de Vaux. 1231.

Supplicavimus dominum W. *Vapincense episcopum..... quatenus presentem cartam sigillorum suorum impressione muniant et confirmant.*

Archives des Hautes-Alpes.

J'ai déjà parlé au Chapitre II du curieux vêtement que Guillaume d'Esclapon porte sur les épaules et sur la tête et dont on trouve peu d'exemples dans la sigillographie épiscopale : c'est sans doute une allusion à ses anciennes fonctions d'abbé de Lérins.

ROBERT (1236-1251).

Robert était dominicain : en 1237, Guigues-André, dauphin, lui recommanda par son testament, ainsi qu'à plusieurs autres seigneurs de la province, de prêter aide et protection à sa femme et à son fils. En 1238, il rendit hommage à Frédéric II, empereur, pour tous ses fiefs relevant de l'empire : en échange, cet empereur lui délivra une bulle confirmant tous les priviléges accordés aux évêques de Gap par ses prédécesseurs. En 1248 les Dominicains s'établirent à la Baume-les-Sisteron.

Le caractère juste, pacifique et conciliant de Robert, le rendit l'arbitre de plusieurs princes voisins.

On a découvert depuis peu à Gap son épitaphe composée en vers léonins et gravée en belles lettres onciales.

SCEAUX.

N° 6. ✠ S. ROBERTI. EPI. VAPINCENSIS. L'évêque debout de face, vêtu de la tunique, de l'aube, de la chasuble, de l'amict et coiffé de la mitre, portant le manipule au bras gauche, bénissant de la main droite et de la main gauche tenant une crosse dont le croçon est tourné en dedans.

Sceau ogival de quarante-sept millimètres environ, en cire jaune et suspendu par des cordons de fil mi-partie blanc et jaune, mi-partie blanc et rouge.

Appendu à une donation faite à Durbon par Isoard de Montauban et Raymond, son fils, de tous les droits qu'ils avaient sur le territoire de Vaux et du droit de pâture dans le terroir de la Cluse, moyennant cent sols. 1244.

Rogavi dominum R. Vapincense episcopum ut eamdem cartam sigilli sui munimine roboraret.

Archives des Hautes-Alpes.

Il existe aux mêmes archives cinq autres exemplaires de ce sceau appendus à des actes des années 1239, 1242, 1245, 1245 et 1250 par des attaches de peau, des cordons de soie rouge et de laine blanche, ornée de soie bleue.

OTHON II DE GRASSE (1251-1282).

Othon II était prévôt du chapitre d'Aix lorsqu'il fut appelé sur le siége épiscopal de Gap. Le 19 juin 1252, le dauphin Guigues lui rendit hommage pour tout ce qu'il possédait dans le territoire soumis à sa juridiction. En 1262, le même prince lui vendit, au prix de trois mille sols, un droit de juridiction qu'il avait acquis de Rolland de Manteyer. Sous le règne d'Othon II commencèrent, entre les évêques et les bourgeois de Gap, ces funestes divisions qui se prolongèrent pendant plusieurs siècles et causèrent la perte de la puissance des uns et des libertés des autres.

En 1265, Othon publia une ordonnance restrictive du commerce des vins, les citoyens de Gap prirent les armes et le chassèrent de leur ville. L'évêque implora le secours de son vassal le Dauphin, un traité d'alliance fut signé entre eux à Corps, et les bourgeois de Gap, renonçant à une résistance désormais inutile, virent Othon ramené au milieu d'eux par les hommes d'armes du Dauphin.

A la mort de Guigues, les citoyens de Gap parvinrent à faire rompre le funeste traité de Corps et obtinrent aide et protection de Jean I, dauphin, et de Béatrix, sa mère, en leur cédant le consolat, les terres de Montalquier et Furmeyer, et en leur promettant de tenir à leur service cent hommes d'armes équipés à leur frais.

Othon changea immédiatement de tactique; en 1271, il rendait hommage à Charles d'Anjou, comte de Provence, et lui cédait les mêmes droits que la communauté de Gap venait de céder à la Dauphine et à son fils. En échange, le comte de Provence lui donna les terres de Reynier, Sigoyer-Malpoil et certains droits sur celle de Manteyer; il s'engagea en outre à défendre les terres épiscopales contre toute agression.

Ce traité donna naissance à une longue guerre à laquelle prit part toute la noblesse des environs : elle se termina en 1274 par un traité favorable à la ville de Gap. Cependant Othon supporta impatiemment de voir s'exécuter le traité conclu en 1271 entre la ville de Gap et le Dauphin; le 8 décembre 1278, il lançait de son château de Rambaud l'excommunication contre les agents de ce prince chargés de percevoir les revenus du consolat, et à la tête desquels étaient Guillaume le Noir de Montorcier. Les bourgeois de Gap, excités probablement par Guillaume le Noir, se saisissent de leur évêque et le retiennent en prison jusqu'à ce qu'il eût consenti à déclarer nulle l'excommunication par lui prononcée. A peine sorti de leurs mains, l'évêque appela de nouveau à son secours le roi de Sicile : en 1281, il lui céda la moitié de sa juridiction temporelle sur Gap. Une nouvelle prise d'armes suivit ce traité, le prince de Salerne, fils du roi de Sicile, assiégea, prit d'assaut la ville de Gap et la dépouilla de tous ses droits et de toutes ses libertés.

Othon II avait également eu des démêlés avec le chapitre de Saint-Arnoul, probablement à cause de la juridiction spéciale accordée par le pape au doyen de ce corps sur tous les chanoines, leurs terres et leurs serviteurs; en 1271, il lança contre eux une sentence d'excommunication.

SCEAUX.

Nº 7. s. oτonιs : εnεcτι : uapιnceηsιs. L'évêque debout, sur un cul-de-lampe triangulaire, vêtu d'une robe à capuchon, tenant des deux mains un livre sur sa poitrine, entre deux colonnes qui soutiennent un édifice gothique percé d'ouvertures ogivales, surmonté d'un toit orné et d'un fronton triangulaire percé également de deux étages d'ouvertures.

Sceau ogival de quarante-six millimètres en cire jaune, suspendu par des cordons de fil blanc.

Appendu à une vente faite par Olivier de Boissia à Garnier, prieur de Durbon, de tous ses droits sur la combe d'Aunas. Gap, 1252.

Rogavi dominum Otonem electum Vapincense ut sigillum suum apponeret huic carte.

Archives des Hautes-Alpes.

Il existe aux archives de Marseille un sceau semblable, suspendu par des lacs de soie verte à un acte de 1251.

Ordinairement, sur leurs sceaux, les évêques élus sont revêtus de la chasuble, de l'aube, etc., c'est-à-dire tout à fait semblables aux évêques, sauf la mitre et la crosse : sur le sceau précédent, Othon est habillé, non comme un prélat, mais comme un moine. Il faut aussi signaler la niche architecturale dans laquelle l'évêque est debout: ce genre d'ornement n'apparaît généralement pas avant la fin du XIIIe siècle.

N° 8..... s. otonis d'x.6'a... ex. uarinqensis. L'évêque debout de face, sur un cul-de-lampe orné, vêtu de la tunique, de la chasuble, de l'amict et de l'étole (?) coiffé de la mitre, portant le manipule au bras gauche, bénissant de la main droite et tenant de la gauche une crosse dont le croçon est tourné en dehors.

Sceau ogival de cinquante millimètres en cire jaune, suspendu par des cordons de chanvre.

Appendu à une vente au couvent de Berthaud, par Albert Laurens et son frère de tous les droits qu'ils avaient dans les limites dudit Berthaud, moyennant dix livres viennoises. 1263.

Archives des Hautes-Alpes.

Cinq autres sceaux semblables sont conservés aux mêmes archives, suspendus à des actes des années 1253, 1257, 1260, 1260 et 1264, par des cordons de fil vert et jaune, rouge et blanc, et blanc, vert et rouge.

N° 9. ..... tonis. eex. uarinqensis. L'évêque assis de face sur un siége soutenu par deux animaux, les pieds sur un cul-de-lampe orné, vêtu de la tunique, de l'aube et de la chasuble, bénissant de la main droite et tenant une crosse de la gauche.

Sceau ogival de soixante millimètres en cire rougeâtre, suspendu par des lacs de soie rouge.

Appendu à une approbation par Othon II d'une vente faite au couvent de Durbon par le couvent de Saint-Marcel de Die de ses droits temporels sur l'église de Saint-Julien. Gap, 1281.

Et ad majorem firmitatem huic presenti instrumento sigillum meum apposui.

Archives des Hautes-Alpes.

Un fragment du même sceau est conservé aux mêmes archives, appendu à un acte de 1279.

Dans la sigillographie épiscopale, la représentation assise a partout précédé la représentation debout, usitée pendant tout le xiiie siècle.

Le sceau que je viens de décrire constitue donc une triple et curieuse anomalie, puisqu'il date de la seconde moitié du xiiie siècle, a été précédé par plusieurs sceaux sur lesquels l'évêque est debout, et enfin est un spécimen unique dans la série sigillaire de Gap.

Le champ, comme on peut s'en convaincre à l'inspection de la gravure, est couvert de dessins semblables à des rinçaux au milieu desquels disparaissent la crosse et la main bénissante : ils ne sont pas, je crois, le fruit de l'imagination de l'artiste qui a gravé la matrice, mais le résultat de l'emploi d'un gâteau de cire non suffisamment refroidie.

N° 10. ⁖ sigillum ⁖ ottonis ⁖ L'évêque debout de face sur un coussin orné, vêtu de la tunique, de la chasuble et de l'amict, coiffé de la mitre, portant le manipule au bras gauche, bénissant de la main droite et tenant de la gauche une crosse dont le croçon est tourné en dehors.

℞. ⁖ episcopi ⁖ vapincensis ⁖ Bras de saint Arnoul en pal, bénissant, vêtu d'une manche brodée.

Bulle de plomb orbiculaire de quarante millimètres de diamètre, suspendue par des cordons de fil blanc et rouge.

Appendue à la donation par Hugues Chayne à Durbon, d'une cense qu'il possédait sur une maison appartenant à ce monastère. Gap, 1256.

Et presentem cartam bulla dicti domini episcopi munimine roboravi in testimonium rei gestæ.

Archives des Hautes-Alpes.

Plusieurs églises ont pris pour emblême ou armoiries le bras bénissant de leur patron ; on le remarque entre autres sur le sceau de la collégiale de Saint-Gengoul à Toul.

RAYMOND DE MÉVOUILLON (1282-1289).

Portait: *de gueules chappé d'hermine.*

Raymond était de la maison souveraine de la baronnie dont le Buis était capitale, et avant d'être évêque de Gap, il exerçait les fonctions de définiteur de l'ordre des frères Prêcheurs.

Sous le pacifique épiscopat de Raymond, le prince de Salerne consentit à rendre à la communauté de Gap tous les droits dont il s'était emparé à la suite du siége et de la prise de cette ville : l'évêque resta seulement possesseur des fours banaux pour compenser les dommages causés à son église par les longues séditions qui venaient d'avoir lieu. Le prince fit également remise à l'évêque de la moitié de juridiction qu'Othon II lui avait donnée. Ce traité est du 2 janvier 1287.

Raymond fut peu après nommé archevêque d'Embrun.

SCEAUX.

N° 11. ✠ : ʙᴜʟʟᴀ : ꜰʀɪꜱ : ʀᴀɪᴍᴜɴᴅɪ : L'évêque debout de face sur un coussin (?), vêtu de la tunique, de la chasuble et de l'amict, coiffé de la mitre dont un pendant tombe sur l'épaule gauche, bénissant de la main droite gantée, et tenant de la gauche une crosse dont le croçon est tourné en dedans.

℟. ✠ : ᴅᴇɪ. ᴏʙᴀ : ᴄᴏɪ : ᴠᴀʀɪɴᴄᴇɴ : Bras de saint Arnoul en pal, bénissant.

Bulle de plomb orbiculaire de quarante-deux millimètres de diamètre, suspendue par des cordons de fil bleu, blanc et rouge.

Appendue à un arrentement d'un fonds de pré et vigne situé à Saint-Arey *(Sanctum Erigium)*, terroir de Gap, par le couvent de Berthaud. Gap, 1288.

Et bullam plumbeam pendentem predicti domini episcopi in testimonium rei gestæ apposui.

Archives des Hautes-Alpes.

On remarque de chaque côté de la tunique de Raymond une série de petites barres transversales, elles représentent des franges, ou peut-être sont l'indication de l'aube.

Quant au mot FRIS (FRATRIS), l'évêque l'emploie sans doute par humilité, en souvenir de sa qualité de Dominicain.

GEOFFROY DE LAUNSEL (1289-1314).

Geoffroy était prévôt de l'Église d'Apt lorsqu'il fut élu évêque de Gap. En 1289, il reçut l'hommage de Raynaud de Montauban, pour sa baronnie de Montmaur, et en 1290, celui de Pierre de Reynier, doyen du chapitre, pour la terre de Manteyer.

En 1295 il présida un synode dans lequel furent dressés les premiers statuts du chapitre.

Il rendit hommage, le 25 mars 1297, au comte de Provence, à charge par celui-ci de le défendre contre ses ennemis : le seul droit positif que devait conserver ce prince sur la ville de Gap, était celui de faire flotter à certains jours de l'année son drapeau sur la tour de l'évêché.

Une sentence arbitrale du 6 septembre 1300 régla les droits respectifs du Dauphin, de l'évêque, du chapitre et de la ville de Gap. Le premier était déclaré propriétaire du consolat, de la moitié de la terre du Montalquier, et la ville devait lui fournir, mais seulement pour faire la guerre en Dauphiné, cent hommes d'armes équipés et nourris à ses frais pendant trente jours par an.

L'évêque nommait, d'accord avec le Dauphin, un juge commun chargé de connaître des causes concernant les fonds ou héritages : nous verrons plus tard que cette clause ne fut pas exécutée. Toutes les proclamations se faisaient au nom de l'évêque; il avait la garde exclusive des clefs de la ville et l'exercice de la juridiction de police qui appartenaient autrefois aux consuls.

Une transaction nouvelle intervint en 1303 entre l'évêque et la communauté de Gap, et fut suivie de l'hommage rendu à l'évêque par treize cents chefs de famille de la ville.

L'année suivante, Humbert Ier, dauphin, voulut transporter à Gap le siége de son bailliage de Serres ; il se fondait sur les stipulations de la sentence arbitrale de 1300, mais il dut renoncer à ses prétentions en présence de la résistance de Geoffroy soutenu par le comte de Provence.

En 1309, l'évêque acquit de Lantelme de Saint-Marcel la terre de Charence pour la somme de dix mille sols; la même année, il rendit hommage au roi de Sicile, comte de Provence.

Sous son épiscopat, les Dominicains s'établirent à Gap et les chevaliers de Saint-Jean de Jérusalem remplacèrent dans cette ville les Templiers qui venaient d'être supprimés.

SCEAUX.

N° 12. ✠ BULLE.GAUBERIDI : DE : LAUSENNO. L'évêque debout de face sur une base rectangulaire, vêtu de la tunique, de la chasuble dont le collet, orné d'un large orfroy, est retenu sur la poitrine par un fermail en forme de quinte-feuille, et coiffé de la mitre; ses mains sont gantées, il bénit de la droite, et de la gauche tient une crosse dont le croçon très orné est tourné en dedans : de chaque côté, dans le champ, une étoile à huit rayons.

℞ ✠ ᴅᴇx. ᴏʙᴀ : ᴄᴏɪ : ᴜʙʀɪɴᴄᴇɴ. Bras de saint Arnoul en pal et bénissant.

Bulle de plomb orbiculaire de quarante millimètres de diamètre, suspendue par des cordons de fil bleu, blanc et rouge.

Appendue à l'acquisition par le couvent de Berthaud d'une cense de six deniers due sur une maison voisine du couvent. 1291.

Archives des Hautes-Alpes.

Un second exemplaire de cette bulle, appendu par des cordons semblables à un acte de 1304, est conservé aux mêmes archives.

Nº 13. ✠ ʙᴜʟʟᴀ. ɢᴀᴜʙʀɪᴅɪ. ᴅᴇ. ʟᴀᴜɴᴄᴇɴᴏ. L'évêque debout de face aux deux tiers, vêtu de la chasuble, dont le collet, orné d'un large orfroy, est retenu sur la poitrine par un fermail, coiffé de la mitre, bénissant de la main droite et tenant de la gauche une crosse dont le croçon est tourné en dehors.

℞ ✠ ᴅᴇx. ᴏʙᴀ. ᴄᴏʀɪ. ᴜʙʀɪɴᴄᴇɴᴄɪꜱ. Bras de saint Arnoul en pal et bénissant.

Bulle de plomb orbiculaire de quarante millimètres de diamètre, suspendue par des cordons de fil bleu, blanc et rouge.

Appendue à une reconnaissance par Lantelme de Saint-Marcel, *senior de Vapinco*, de la suzeraineté de l'évêque de Gap sur sa terre de Charence, qu'il donne en gage à ce même évêque comme garantie de sommes qu'il lui doit. Gap, 1309.

Appartenant à M. l'abbé James, curé de Gap

GAUCHER (1314-1315).

Cet évêque reçut l'hommage de noble Jean Bonfils, qui avait acheté la seigneurie de Montalquier du Dauphin.
Je ne connais aucun sceau de lui ni de son successeur immédiat.

OLLIVIER DE LAYE (1315-1316).

Ollivier reçut l'hommage de Pierre de Reynier, seigneur de Manteyer. L'un des ancêtres du connétable de Lesdiguières, si l'on en croit Videl, jeta cet évêque par les fenêtres de son château des Dignières pour lequel cependant il était son vassal.

BERTRAND DE LAUNSEL (1316-1318).

Il était neveu de Geoffroy de Launsel et prévôt de chapitre de Saint-Arnoul lors de sa nomination.
Il permit, en **1316**, aux citoyens de Gap de détruire un chemin qui, suivant les bords de la Durance, privait la ville d'une partie du passage des marchandises et voyageurs de l'Embrunais et du Briançonnais. Il fit dresser, la même année, le premier cadastre dont il soit question dans les annales de la ville de Gap.

SCEAUX.

N° 14. ✠ BVLLA. BERTRANDI. DE. LAVNCELLO. L'évêque debout de face aux deux tiers, vêtu de la tunique, de la chasuble, coiffé de la mitre, bénissant de la main droite et tenant de la gauche une crosse, le croçon tourné en dehors.

℟ ✠ GRA. EPI. VAPINCESIS. Bras de saint Arnoul en pal et bénissant.

Bulle de plomb orbiculaire de quarante millimètres de diamètre, suspendue par des cordons de fil blanc et jaune.

Appendue à l'approbation d'une délibération de la ville donnant procuration aux syndics de poursuivre le paiement de tailles et impositions arriérées dues par les communautées de Romette, Laye et Chaudun. Gap, 1317.

Signum meum apposui, una cum bulla plumbea venerandi in Christo patris Bertrandi de Launcello, Dei gratia episcopi, in testimonium.

<small>Archives municipales de Gap.</small>

Il faut remarquer l'erreur du graveur qui, au revers de cette bulle, n'a pas fait précéder le mot GRATIA de son complément indispensable, le mot DEI.

GUILLAUME V D'ESTIENNE (1318-1328).

Guillaume était prieur de la Chartreuse de Durbon lorsqu'il fut élevé à la dignité épiscopale.

Il concourut à la rédaction de nouveaux statuts du chapitre qui remplacèrent ceux de 1295.

Il acquit une grande partie de la seigneurie de Reynier dont il avait déjà le majeur domaine.

Sous son épiscopat, Jean II, dauphin, rendit hommage au comte de Provence, roi de Sicile, pour son comté de Gapençais (1321).

SCEAUX.

N° 15. ✠ ʙᴜᴍᴀ. ᴏ́ᴜɪᴅᴅ'ɪ ꜱᴇᴇʀᴅɪ. L'évêque debout de face aux deux tiers, vêtu de la tunique et de la chasuble, coiffé de la mitre, bénissant de la main droite, et de la gauche tenant une crosse dont le croçon est tourné en dehors : de chaque côté, dans le champ une étoile à six rayons.

℟ ✠ ᴅᴇx. ᴏ́ᴀᴀ. ᴇᴏ̣ᴩ. ᴜᴀᴩɪɴᴄᴀᴇɴ. Bras de saint Arnoul en pal et bénissant : de chaque côté, dans le champ, une étoile à six rayons, cantonnés d'autant de points.

Bulle de plomb orbiculaire de quarante-deux millimètres de diamètre.

Quatre exemplaires connus dans les collections de MM. Amat, Reynaud, l'abbé James, tous détachés de leurs titres, et un cinquième aux archives du chapitre appendu par des cordons de fil blanc et bleu à un parchemin lacéré et illisible.

Sur tous ces exemplaires on remarque, à gauche de l'évêque, dans le champ, une petite saillie en forme de cœur : j'ignore si elle est le résultat d'un défaut de la matrice ou si c'est un ornement gravé avec intention par l'artiste.

DRAGONNET DE MONTAUBAN (1328-1348).

Portait : *d'azur aux trois châteaux à trois tours d'or maçonnés de sable.*

Cet évêque appartenait à la famille des barons de Montmaur, grands-veneurs du Dauphiné. Avant d'être appelé au siége de Gap, il était déjà évêque de Saint-Paul-trois-Châteaux.

Il rendit hommage, l'année même de son élection, au roi de Sicile, comte de Provence, pour tout le temporel de son évêché. En 1332, il se reconnut feudataire du Dauphin pour toutes les terres épiscopales situées en Champsaur.

Sous son épiscopat, on réforma l'ancien bréviaire de l'Église de Gap.

SCEAUX.

N° 16. ✠ BULLA. DRAGONETI. DE. MONTE. L'évêque debout de face, vêtu de la tunique et de la chasuble, coiffé de la mitre, bénissant de la main droite et tenant de la gauche une crosse dont le croçon très orné est tourné en dehors.

℞ ... ALBANO. DEI. GRA. EPI. VAPINCN. Bras de saint Arnoul en pal et bénissant.

Bulle de plomb orbiculaire de trente-cinq millimètres de diamètre. Cette bulle, détachée de l'acte auquel elle était appendue, m'a été communiquée aux archives de l'Empire.

La division du mot Monte-Albano en deux parties sur la face et le revers est une anomalie dont il existe peu d'exemples.

On connaît des bulles presque semblables de Dragonnet de

Montauban en sa qualité d'évêque de Saint-Paul-trois-Châteaux. Il existe également quelques rares monnaies de cet évêque frappées dans le même évêché.

HENRI DE POITIERS (1349-1353).

Portait: *d'azur à six besants d'argent posés 3, 2, 1 au chef d'or.*

Cet évêque, de la famille des comtes de Valentinois et Diois, portait aussi bien la cuirasse que la chasuble, il le montra plus tard contre les Anglais lorsqu'il fut appelé à l'évêché de Troyes. Il eut à soutenir une révolte des bourgeois de Gap, qui le chassèrent et pillèrent son palais épiscopal pour venger le meurtre d'Ismidon de Montauban, parent du précédent évêque, par Haut le Cœur, bâtard de Poitiers. Après une guerre acharnée entre les bourgeois de Gap et le comte de Valentinois, on signa un accommodement à la fin de 1350.

Peu après, Henri fut transféré sur le siége de Troyes.

Je ne connais point de sceaux de cet évêque.

GILBERT DE MANDEGACHE (1353-1357).

Gilbert fut l'un des premiers évêques nommés directement par le pape.

Le 14 mai 1354, il rendit hommage au roi de Sicile, comte de Provence, pour sa juridiction temporelle.

Il fut transféré à l'évêché de Lodève.

SCEAUX.

Il existe de cet évêque, aux archives des Hautes-Alpes, un fragment de sceau en cire rouge suspendu par une simple queue de parchemin à une approbation de la nomination d'un curé à Saint-Julien-en-Beauchêne (1355). On ne peut rien distinguer sur ce sceau dont la cire est complétement écrasée.

JACQUES DE DEAUX (1357-1362).

Cet évêque occupait le siége de Montauban avant de passer à celui de Gap : il quitta ce dernier pour aller occuper l'évêché de Nîmes.

Je ne connais aucun monument sigillographique de lui ni de son successeur immédiat.

GUILLAUME VI FOUNIER (1362-1365).

Portait: *d'argent à la croix grecque de gueules; au chef d'azur chargé de trois étoiles d'or.*

Guillaume était chanoine de Fréjus avant son élection à l'évêché de Gap. On ne connaît rien des actes de son administration.

JACQUES II ARTAUD DE MONTAUBAN (1365-1399).

Portait: *d'azur à trois châteaux à trois tours d'or maçonnés de sable.*

Appartenait à la seconde race des barons de Montmaur et occupait le siége de Saint-Paul-trois-Châteaux avant d'être appelé à celui de Gap.

L'un de ses premiers actes en prenant possession de la souveraineté de Gap, fut de réclamer à cette ville le paiement de trente mille florins qu'il disait avoir déboursés pour éloigner de son territoire les bandes dévastatrices de Turenne et de Cervolle : la ville refusa et l'évêque fut condamné en 1367 par le pape. Vers la même époque, il eut avec Arnaud de Trians, vicomte de Tallard, une guerre assez longue à propos des limites de leurs territoires respectifs: un traité de paix fut signé entre eux le 28 avril 1369.

Jacques fut obligé de passer avec les bourgeois de Gap, le 7 mai 1378, une transaction qui réglait soigneusement les droits de chacun. L'évêque avait tenté d'usurper le droit de décharger qui bon lui semblait de l'impôt établi par les syndics de la ville de Gap, il fut obligé de renoncer à son entreprise et de signer l'acte dont nous venons de parler : cette transaction peut être considérée comme la grande charte de la communauté de Gap. Malgré la clarté de cet acte important, de nouvelles dissensions s'élevèrent entre lui et ses sujets, qui le chassèrent de sa ville épiscopale en 1382. Il se retira à Lazer avec le chapitre, son officialité et sa cour de justice. En 1383, à la suite d'une nouvelle transaction complémentaire passée à Châteauvieux, il rentrait dans la ville de Gap.

En 1394 il força, par l'entremise de Jacques de Montmaur,

gouverneur du Dauphiné, le châtelain de Saint-Bonnet, qui avait empiété sur sa juridiction, à promettre de respecter ses droits à l'avenir.

Il fit rédiger le plus ancien bréviaire de Gap qui soit venu jusqu'à nous.

SCEAUX.

N° 17. .... DE. GAP. E... UN......SXS. Saint Pierre et saint Paul nimbés, tenant, le premier une clef et un livre, le second une épée, debout sous un dais ogival surbaissé, accosté en perspective par deux clochetons à deux étages à pinacles aigus : au-dessus du dais, la vierge tenant l'enfant Jésus, assise dans une niche gothique, accostée de deux petits clochetons. Dans la partie inférieure du sceau, l'évêque mitré à genoux dans une niche, tourné à gauche, tenant la crosse : à droite et à gauche, l'écu des Montauban. De chaque côté du dais une bordure hémicycloïdale.

Sceau ogival de soixante millimètres environ, en cire rouge, suspendu à une simple queue de parchemin : au revers l'empreinte d'un doigt.

Appendu à la révocation par l'évêque d'une exemption accordée à Mme de la Bréoulle de concourir à la dépense occasionnée par la réparation des fortifications de Gap. Gap, 1379.

Archives municipales de Gap.

On conserve aux mêmes archives un fragment de sceau semblable en tous points au précédent, appendu à un acte de la même date.

RAYMOND II DU BAR (1399-1404).

Cet évêque est également appelé Raymond de Launcel par quelques chroniqueurs : il était doyen de l'église de Gap lorsqu'il fut nommé à l'évêché de cette ville.

L'année même de son élection il rendit hommage pour son temporel au roi de Sicile, comte de Provence.

Deux ans après, saint Vincent-Ferrier passa dans les diocèses de Gap et d'Embrun et tenta de convertir par la parole et la persuasion les malheureux Vaudois auprès desquels la persécution n'avait pas réussi.

Je ne connais point de sceaux de cet évêque et de ses cinq successeurs immédiats, c'est une lacune de quarante-trois ans que je n'ai pu combler.

JEAN DES SAINTS (1404-1407).

Jean, chanoine de Beauvais, fut nommé directement à l'évêché de Gap par Benoît XIII. Il fut ambassadeur du comte de Provence au concile de Pise et quitta bientôt le siége de Gap pour celui de Meaux.

ANTOINE JUVENIS (1407-1411).

Portait : *d'azur à trois pals d'or, au chef d'hermine*.

Était chancelier du comte de Provence et l'un des partisans les plus ardents de Benoît XIII (Pierre de Luna). Tandis que ce pape le nommait à l'évêché de Gap, Alexandre V accordait le même siége à François-Alexis de Siregno. Antoine Juvenis resta cependant en fait évêque de Gap jusqu'à sa mort.

FRANÇOIS-ALEXIS DE SIREGNO (1411-1412).

Alexandre V, rival de Benoît XIII, institua en 1409 cet évêque, italien et de l'ordre des frères mineurs : il était, avant d'être appelé au siége de Gap, évêque de Bobio, près de Gênes. Lorsque la mort d'Antoine Juvenis lui permit de venir occuper son siége épiscopal, il trouva un nouveau compétiteur dans Léger d'Eyrargues, élu par le chapitre. Le pape, pour mettre fin à ces luttes inutiles, appela François-Alexis à l'évêché de Milan et permit à Léger d'occuper paisiblement celui de Gap.

LÉGER III D'EYRARGUES (1412-1429).

Cet évêque était, avant son élection au siége de Gap, doyen de la collégiale de Saint-Pierre de Laroumieu, diocèse de Condom. Choisi en 1411 par le chapitre, il put entrer en possession de son diocèse l'année suivante seulement, lorsque François-Alexis de Siregno eut été pourvu d'un autre évêché.

Les bourgeois de Gap obtinrent en 1413 du pape des lettres conservatoires de leurs priviléges, et malgré l'opposition de l'évêque, elles furent confirmées en 1415.

Léger était chancelier du roi de Sicile ; malgré cette qualité il encouragea les habitants de Gap dans leur résistance à une demande de subsides que leur adressa ce prince en 1425. Les syndics de Gap refusèrent de reconnaître aucun droit au roi de Sicile, comte de Provence, de lever sur leur ville des taxes en hommes ou argent. La force triompha du droit dans cette circonstance, l'évêque fut disgrâcié, une partie de ses terres saisie et la ville obligée d'envoyer cent hommes d'armes à Marseille.

Vers la même époque, la ville de Gap envoya également cent hommes d'armes au Dauphin pour combattre les Anglais.

Léger, en 1429, permuta avec Guillaume Forestier, évêque de Maguelonne.

GUILLAUME VII FORESTIER (1429-1442).

Avant d'être évêque de Gap il était évêque de Maguelonne.

Son épiscopat fut pacifique jusqu'à l'année 1441 : à cette époque le peuple, lassé des vexations de l'official de l'évêque, se rend en tumulte au palais épiscopal pour réclamer la destitution de ce magistrat. L'évêque cède d'abord, puis rétablit bientôt après dans sa charge l'official détesté. Le peuple se soulève de nouveau, l'évêque résiste avec violence, une sédition éclate. Les consuls allaient obtenir justice par l'entremise du légat d'Avignon auquel ils s'étaient adressés lorsque Guillaume mourut fort à propos.

GAUCHER II DE FORCALQUIER (1442-1486).

Portait : *de gueules à la croix évidée, cléchée et pommetée d'or*.

Issu de la race des anciens comtes de Forcalquier, il était, avant d'être appelé au siége de Gap, administrateur de l'évêché de Sisteron.

Les débuts de l'épiscopat de Gaucher, qui devait être si funeste aux libertés de Gap, furent heureux. La ville racheta du dauphin Louis II la plupart des droits qu'il exerçait sur son territoire.

Peu de temps après, l'évêque ayant encouragé les habitants à refuser l'entrée de leur ville aux troupes que Charles VII envoyait dans le Milanais, vit son temporel saisi par le Dauphin et fut lui-même chassé de son siége épiscopal. En 1447, seulement, il obtint son pardon par l'entremise du pape et en reconnaissant ses torts.

Cette première leçon ne le découragea pas : pendant les années qui suivirent il s'efforça, en violation des franchises et libertés de la ville de Gap, d'exercer une autorité absolue. Les excès de pouvoir de Gaucher irritèrent à tel point les habitants qu'ils se soulevèrent ; l'évêque, de son côté, appela les soldats du comte de Provence à son secours : après des combats meurtriers on eut recours à un arbitrage.

Les arbitres, sans doute gagnés par Gaucher, condamnèrent les habitants à lui payer douze mille florins d'or et l'autorisèrent à saisir tous leurs biens faute d'un paiement immédiat : on devait, en outre, livrer entre ses mains, pour en user à leur égard selon son bon plaisir, quinze chefs de famille les plus compromis. L'évêque fit immédiatement élever des potences et saisir les biens d'une foule de malheureux : la ville devint déserte et les campagnes environnantes parcourues par des bandes affamées.

Mais cette inique sentence souleva l'indignation du pape et du Dauphin : ce dernier envoie à Gap des troupes chargées de rapatrier les exilés et de modérer les prétentions de Gaucher. L'évêque refuse de reconnaître le Dauphin pour son suzerain ; on se saisit aussitôt de son temporel et le calme se rétablit. A peine les troupes dauphinoises ont-elles quitté la ville que l'évêque fait de nouveau dresser les potences et saisir les biens de ses sujets : le Dauphin envoya une seconde fois ses soldats à Gap ; les portes furent brisées, les potences renversées et l'évêque forcé enfin de renoncer à tourmenter ses vassaux, que le Dauphin prenait spécialement sous sa protection (1463).

A la faveur de ces troubles, le Dauphin s'empara d'un pouvoir considérable dans la ville de Gap.

En 1480, Gaucher rendait hommage à Charles d'Anjou, héritier de Réné; en 1481, le roi Louis XI réunissait sur sa tête la couronne de Provence et du Dauphiné.

SCEAUX.

N° 18. ..... **gaucherii· de· forcalceri**.... **episcopi** : **va· pincensis**..... Deux saints nimbés, de face, vêtus l'un d'une tunique, l'autre d'une robe à capuchon, debout dans un monument de style italien de la renaissance, soutenu par six colonnes : au-dessus le buste de la Vierge nimbée de face, accompagné de deux anges ailés et priant. Dans la partie inférieure du sceau l'évêque dans une niche, à genoux, à droite, mitré et priant ; de chaque côté un écusson effacé.

Sceau ogival de quatre-vingt-deux millimètres en cire rouge contenue dans une coque de cire jaune, suspendu par des attaches de chanvre.

Appendu au procès-verbal de l'invention des reliques des saintes Maries de la Mer. Marseille, 1448.

Archives de Marseille.

N° 19. ....**gau**...... **fo**.... **ceriis· vapincen**..... ⋆ L'évêque assis de face dans un large fauteuil dont les bras sont ornés de têtes d'animaux, les pieds sur un cul de lampe, vêtu de la tunique, de la chasuble et de l'amict, coiffé de la mitre, bénissant de la main droite et tenant de la gauche une crosse dont le croçon orné est tourné en dehors. Le champ paraît être couvert de feuillages.

Sceau ovale de quarante millimètres sur cire rouge recouverte de papier, suspendu par une simple queue de parchemin.

Appendu à un procès-verbal de prestation de serment par Jean Balthazard, notaire épiscopal, entre les mains de messire Arnaud, official. Gap, 1458.

<small>Archives du chapitre de Saint-Arnoul.</small>

Il existe aux archives municipales de Gap un sceau semblable, mais en fort mauvais état, suspendu à un acte de 1462.

Les sceaux qui représentent l'évêque assis se rencontrent fort rarement à une époque si récente : le nôtre devait servir à sceller les actes émanant de l'officialité ou tribunal religieux de l'évêque.

GABRIEL DE SCLAFANATIS (1484-1526.)

Portait : *d'argent à un pont chargé de deux tours de gueules, maçonnées et crénelées de sable, accompagné en chef d'un bouclier d'azur chargé d'une fasce d'or et en pointe de deux fasces de sinople.*

Cet évêque, nommé par le pape, trouva un compétiteur sérieux dans Thibaud de la Tour, nommé par le chapitre; il ne put venir occuper le siége de Gap qu'en 1495, lorsque Thibaud eut été transféré à l'évêché de Sisteron.

En 1511 les consuls demandèrent l'incorporation définitive de la ville de Gap au Dauphiné; par un traité intervenu la même année, Louis XII promettait de respecter les franchises de la ville et les droits de l'évêque; il déclarait que le bailliage de Serres allait être transféré à Gap; la châtellenie de Champsaur, unie jusqu'alors au bailliage d'Embrun, serait jointe à celui de Gap.

L'évêque vit avec la plus grande répugnance l'union de la ville de Gap au Dauphiné, il protesta en rendant hommage comme ses prédécesseurs au comte de Provence : le roi fit aussitôt saisir son temporel et le força à se retirer à Tallard. Un accord intervint peu après ; d'après cet acte l'évêque conservait le droit d'avoir des juges de première et seconde instance dont les appels pouvaient être portés directement au parlement du Dauphiné.

Gabriel prit le premier le titre de *comte de Charence*.

Je ne connais aucun monument sigillographique du long épiscopat de Gabriel de Sclafanatis.

GABRIEL II DE CLERMONT (1527-1568.)

Portait : *de gueules à deux clefs d'argent en sautoir*. Il écartelait quelquefois ses armoiries avec celles de Françoise de Sassenage, sa grand'mère, qui portait : *burelé d'argent et d'azur de dix pièces, au lion de gueules, armé, lampassé et couronné d'or brochant sur le tout*.

Cet évêque était fils de Bernadin, vicomte de Tallard.

Pour la première fois, en 1558, Gap et son territoire, furent compris dans le rôle des impôts levés dans la province du Dauphiné : les habitants protestèrent mais en vain contre cette violation du traité de 1511.

En 1560, Guillaume Farel, fougueux missionnaire protestant, vint prêcher à Gap la religion nouvelle : malgré les persécutions des autorités royales il convertit un grand nombre de personnes à Gap et dans les environs; Gabriel de Clermont, lui-même, se fit protestant en 1562. Il continua néanmoins à administrer le temporel de son diocèse et à en toucher les revenus. Il se maria et se retira dans sa terre de Selles en Berry.

SCEAUX.

N° 20. ..... APIN. ✠ ₀ EPVS. Ecu écartelé de Clermont et de Sassenage, timbré d'une mitre de profil dont les pendants forment lambrequins, accosté à gauche d'une crosse dont le croçon orné est tourné en dehors, et probablement à droite d'une épée que la mauvaise conservation du sceau ne permet pas de distinguer.

Sceau orbiculaire de vingt-deux millimètres en papier plaqué sur cire rouge.

Appliqué à une signification d'huissier. 1535.

Archives du chapitre de Saint-Arnoul.

N° 21. Ecu écartelé de Clermont et de Sassenage, timbré d'une mitre de profil, dont les pendants forment lambrequins, accosté à gauche de la crosse, à droite de l'épée. On ne voit aucune légende sur ce sceau.

Sceau orbiculaire de quarante millimètres environ en papier plaqué sur cire rouge.

Appliqué à la nomination d'un curé au village de Col de Perthi, à cause de l'impossibilité pour les habitants d'aller en hiver à l'église la plus proche. Gap, 1551.

Archives du chapitre de Saint-Arnoul.

N° 22. S. GABRIEL. ✠ DE CLAROMONTE. Ecu des Clermont, timbré d'une mitre de profil dont les pendants forment lambrequins, accosté à gauche de la crosse, à droite de l'épée.

Sceau orbiculaire de vingt millimètres en papier sur cire rouge.

Appliqué à un ordre de Firmin Rochas, lieutenant au bailliage et juge ordinaire de Gap, au courrier de faire arrêter et emprisonner le nommé Jacques Alphi. Gap 1546.
<small>Archives du chapitre de Saint-Arnoul.</small>

Ce petit sceau, qui servait aux actes émanés de l'officialité et de la cour de l'évêque, est remarquable par l'absence totale de titres accompagnant le nom de Gabriel de Clermont. Il en existe un grand nombre d'exemplaires.

PIERRE PAPARIN DE CHAUMONT (1570-1600.)

Portait : d'azur au chevron mi parti d'or et d'argent accompagné en chef d'une tête de lion d'or sur deux étoiles de même et en pointe d'une coquille de saint Jacques d'argent.

Le roi avait nommé Etienne d'Estienne pour remplacer Gabriel de Clermont, mais ce prêtre ne put jamais être institué canoniquement par le pape; enfin on le nomma à l'évêché de Béziers.

Pierre Paparin de Chaumont, ancien guidon de gendarmes, ancien colonel de chevau-légers, fut appelé à le remplacer. Son premier acte fut d'acheter, moyennant une pension viagère de deux mille livres, la renonciation de Gabriel de Clermont à ses droits temporels.

Les guerres religieuses sévissaient alors dans le Dauphiné : Paparin vit ses châteaux brûlés et ses terres ravagées par les protestants, à la tête desquels était déjà le jeune Lesdiguières. Dans la ville de Gap même il existait un parti puissant de protestants; un soir l'évêque fut attaqué et blessé d'un coup de pistolet; les assassins, arrêtés un instant, furent délivrés la nuit même. Paparin, ne se voyant plus en sûreté dans sa ville épiscopale, se retira à la Baume-lès-Sisteron.

Il était revenu à Gap lorsque, le 2 janvier 1577, Lesdiguières s'empara de cette ville avec l'aide des habitants; il permit à l'évêque de se retirer de nouveau à la Baume avec le chapitre tout entier.

Lors de la campagne du duc de Mayenne en Dauphiné (1581), Paparin profita de l'occasion pour rentrer dans sa ville épiscopale; l'année suivante il fut de nouveau obligé de fuir les protestants, qui s'emparèrent sans peine de Gap et de tous les châteaux et villages voisins.

Ce fut seulement en 1589, à l'avénement de Henri IV, que l'évêque de Gap put rentrer dans son palais épiscopal; il dut subir de dures conditions dictées par Lesdiguières alors tout-puissant, et lui céda toutes ses terres du Champsaur; il eut soin toutefois de rédiger un acte secret dans lequel il protestait d'avance contre cette cession imposée par la violence.

Il revint mourir à la Baume-lès-Sisteron où il avait passé la plus grande partie de son épiscopat si troublé.

L'évêché et l'église de Gap perdirent sous son administration la majeure partie de leurs revenus.

SCEAUX.

No 23. PETRVS. PAPARIN. MISERONE. DIVINA. EPVS. VAPINCEN. COMESQ. CHARNTIE. Ecu déchiqueté des Chaumont, timbré d'une mitre, accosté à gauche d'une crosse, à droite d'une épée haute; le tout entouré de branches de laurier et d'une banderolle sur laquelle est une inscription illisible.

Sceau ovale de soixante-deux millimètres en papier sur pâte.

Appliqué à l'ordre donné par l'évêque à Pierre de Chapponay, doyen du chapitre, de s'enquérir si l'homme que Jacques de Beaumont présente pour le remplacer comme prieur de Saint-Laurent-de-Beaumont en Trièves, est de bonnes religion, vie et mœurs. Gap, 1576.

Archives du chapitre de Saint-Arnoul.

La matrice en bronze de ce sceau a été trouvée il y a quelques années à la Baume-lès-Sisteron, elle a été perdue par son possesseur.

Ce sceau est le seul sur lequel nos évêques aient pris le titre de COMES CHARENTIÆ.

N° 24. Écu déchiqueté des Chaumont, timbré d'une mitre dont les pendants sont étalés horizontalement, et derrière lesquels sont deux massues (?), accosté à gauche d'une crosse, à droite d'une épée haute ; au dessous un rameau de laurier.

Sceau ovale de vingt-cinq millimètres en papier sur pâte.

Appliqué à des lettres de prêtrise de 1582.

Archives des Hautes-Alpes.

N° 25. Écu déchiqueté des Chaumont, posé sur une crosse tournée à gauche, entouré de banderolles et de feuillages.

Sceau ovale de vingt-six millimètres en papier sur pâte.

Appliqué à une convocation par Galeas de Chodurcio, official, aux prêtres du diocèse pour assister à un synode qui devait se tenir à la Baume-lès-Sisteron. La Baume, 1559.

Archives des Hautes-Alpes.

Il existe aux archives départementales et capitulaires de Gap de nombreux exemplaires de ce sceau et du précédent ; le dernier, remarquable par l'absence totale de mitre, a dû être employé par l'officialité de l'évêque.

Les armoiries de Paparin ne sont pas tout à fait identiques sur ces trois sceaux : la tête de lion est tournée à gauche sur le n° 25, tandis que sur les deux précédents elle est à droite.

CHARLES SALOMON DU SERRE (1601-1637.)

Portait : *d'azur au cerf d'or, au chef d'argent chargé de trois roses de gueules feuillées d'or.*

Cet évêque n'avait pas vingt ans lorsqu'il fut appelé au siége de Gap. Il fut un des plus zélés soutiens de la réaction catholique en Dauphiné; il fit faire dans son diocèse de nombreuses missions, surtout par les Capucins qui venaient de fonder un couvent à Gap. Les Ursulines s'établirent également dans cette ville sous son épiscopat.

Il soutint enfin contre la ville de Gap et contre plusieurs autres seigneurs ou communautés de nombreux procès dans lesquels il ne fut pas toujours heureux. Il voulait ressaisir les revenus et les droits de l'évêché de Gap dispersés pendant les guerres de religion dans une multitude de mains étrangères.

Sous son épiscopat Louis XIII traversa la ville de Gap, et une portion du diocèse fut ravagée par une peste cruelle.

SCEAUX.

N° 26. ...VS. SALOMON. DV. SERRE. EPISCOPUS. VAP... Ecu des du Serre, timbré d'un croçon à gauche et d'une épée haute à droite; le tout surmonté du chapeau épiscopal avec pendants à cinq glands.

Sceau ovale de cinquante millimètres, en papier sur pâte.

Appliqué à une dispense donnée par l'évêque à quelques chanoines de prêter serment avant de traiter amiablement avec les consuls de Gap. Gap, 1602.

Archives du chapitre de Saint-Arnoul.

N° 27. ..... VS. SA.... DV. SERRE. EPVS. VAPIN..... Même type que le sceau précédent.

Sceau ovale de trente-quatre millimètres en papier sur pâte.

Appliqué à une recommandation faite par Jean Buysson, vicaire-général, aux prêtres du diocèse de recevoir favorablement Guillaume Faure, frère quêteur. Gap, 1604.

Archives du chapitre de Saint-Arnoul.

N° 28. CARO..... V. SERRE..... COPVS. VAPINCENSIS. Même type que les sceaux précédents.

Sceau ovale de cinquante millimètres en papier sur pâte.

Appliqué à des lettres d'exeat de 1621.

Archives des Hautes-Alpes.

Les armoiries des du Serre diffèrent un peu sur ce dernier sceau de celles des n°s 26 et 27 : le cerf est ici passant, il est rampant sur les premières.

Chacun de ces sceaux existe dans les archives de Gap à cinq ou six exemplaires.

ARTUS DE LYONNE (1637-1661.)

Portait : *de gueules à une colonne d'argent, au chef cousu d'azur chargé d'un lion passant, d'or.*

Artus de Lyonne était marié et conseiller au Parlement de Grenoble avant d'entrer dans la carrière ecclésiastique. Depuis 1634 il était coadjuteur de Salomon du Serre, lorsqu'il fut appelé à le remplacer sur le siége de Gap.

Son long épiscopat fut employé à réparer les désastres occasionnés dans son diocèse par les guerres de religion.

En 1644 les jésuites essayèrent, mais vainement, de fonder à Gap une maison de leur ordre.

Artus de Lyonne rédigea le premier, sous le nom de *Rolle des évêques de Gap*, une liste de ses prédécesseurs pour la *Gallia Christiana*.

SCEAUX.

N° 29. Ecu des Lyonne timbré d'une mitre de trois quarts à gauche et d'un croçon à droite.

Sceau ovale de vingt-neuf millimètres en papier sur pâte.

Appliqué à la nomination, par Artus de Lyone (*sic*), d'un curé à Savournon et Plan-du-Bourg, avec ordre de dire la messe dans chacune de ces communes les dimanches et fêtes. Gap, 1646.

Archives du chapitre de Saint-Arnoul.

PIERRE III MARION (1661-1675.)

Portait : *de..... au chevron de...... accompagné de trois roses de.....*

Avant d'entrer dans les ordres, Pierre Marion était officier dans les armées du roi; il était abbé de Saint-Paul, près de Sens, avant d'être appelé au diocèse de Gap.

Il fit reconstruire le palais épiscopal et fonda sur le territoire de la Roche-des-Arnauds un séminaire, dont il confia la direction aux Frères de la Doctrine chrétienne.

SCEAUX.

N° 30. ✠ PETRVS. MARION. EPISCOPVS. AC. COMES. VAPINCENSIS. Ecu des Marion timbré d'une couronne de comte, accosté à gauche d'une épée haute surmontée d'une mitre, à droite d'une crosse ; le tout surmonté du chapeau épiscopal à cinq glands ; au-dessous de l'écusson deux palmes en sautoir.

Sceau ovale de quarante-cinq millimètres en papier sur pâte.

Appliqué à une autorisation donnée à un missionnaire de prêcher et exercer les autres actes de son ministère dans le diocèse de Gap. Gap, 1670.

Archives des Hautes-Alpes.

N° 31. Sceau anépigraphe au même type que le précédent, de trente-un millimètres en papier sur pâte.

Appliqué à des lettres de prêtrise de 1668.

Archives du chapitre de Saint-Arnoul.

Il existe un second exemplaire de ce sceau aux archives des Hautes-Alpes.

Pierre Marion, quelquefois nommé Pierre de Marion, est le premier qui ait pris sur les sceaux le titre de comte de Gap.

GUILLAUME VIII DE MESCHATIN-LA-FAYE (1675-1679).

Portait : *d'azur au massacre de cerf d'or, au chef d'argent.*

Guillaume était chanoine de Lyon lorsqu'il fut nommé par le roi évêque de Gap : il fit son entrée dans cette ville en 1677 et mourut deux ans après.

Je ne connais de sceaux ni de cet évêque ni de ces deux successeurs immédiats.

VICTOR DE MELLIAND (1680-1684).

Portait : *d'azur à la croix d'or, cantonnée au 1er et 4me d'un alérion, au 2me et 3me d'une ruche à miel, de même.*

Cet évêque, ancien aumônier d'Anne d'Autriche, était, avant d'être appelé au siége de Gap, abbé de Saint-Étienne-de-Bassac, près de Saintes.

Il quitta le diocèse de Gap pour celui d'Alet.

CHARLES-BÉNIGNE D'HERVÉ (1684-1705).

Portait : *d'azur au chevron d'or, accompagné de trois étoiles d'argent.*

Charles-Bénigne d'Hervé reçut ses bulles en 1692 seulement ; jusqu'à cette époque, il fut simple administrateur du diocèse. Sous son épiscopat eurent lieu deux événements importants : la révocation de l'édit de Nantes et l'invasion des troupes du duc de Savoie.

Notre évêque mit une vigueur extrême à faire exécuter les prescriptions de l'édit de révocation ; les missions et les dragonnades se succédèrent sans interruption dans tout le diocèse. Un grand nombre de protestants, surtout dans le corps de la noblesse, s'expatria sans espoir de retour, beaucoup d'autres restèrent et, malgré les persécutions, sont demeurés fidèles jusqu'à nos jours à la religion de leurs pères.

Le duc de Savoie envahit le diocèse de Gap en 1692; le 12 septembre de la même année, la ville de Gap était livrée aux flammes, la plupart des bourgs environnants, tels que Tallard, Saint-Julien, Saint-Laurent, etc., subirent le même sort. Gap perdit à la suite de ce désastre les deux tiers de ses habitants.

Charles-Bénigne d'Hervé, gardien attentif de la foi dans son diocèse et de la morale dans son clergé, était loin de mener une conduite sans reproches : certaines aventures firent du bruit et forcèrent le roi à lui demander sa démission ; on lui donna en échange un bénéfice de vingt mille livres.

FRANÇOIS DE BERGER DE MALISSOLES (1706-1738).

Portait : *d'azur au chevron d'or, accompagné de trois têtes de bélier de même.*

Berger de Malissoles chercha à réparer autant qu'il était possible les maux causés par la dernière guerre ; il rétablit l'évêché et la cathédrale.

Il continua à convertir les protestants, mais avec plus de douceur et de modération que son prédécesseur.

Enfin, il combattit par ses ordonnances l'hérésie janséniste et assista au concile d'Embrun destiné à juger Soanen, évêque de Senez : il y prit le titre de *Prince de Gap*.

Il transféra le séminaire diocésain de la Roche-des-Arnauds à Tallard.

SCEAUX.

N° 32. ⚜.FRANC. DE BERGER. EPS. ET. COMES. VAPINCENSIS. Écu ovale des Berger dans un cartouche orné de rocailles et de guirlandes, timbré d'une couronne de comte, surmontée du chapeau épiscopal dont les pendants à cinq glands sont chargés, celui de gauche d'une épée haute, celui de droite d'une crosse.

Sceau ovale de quarante-cinq millimètres en papier sur pâte.

Appliqué à une autorisation donnée à un missionnaire envoyé à Saint-Bonnet, de confesser, prêcher et absoudre, même les cas réservés. Gap, 1721.

Archives du chapitre de Saint-Arnoul.

Il existe aussi de nombreux exemplaires de ce sceau aux archives des Hautes-Alpes.

N° 33. Sceau anépigraphe au même type que le précédent, de vingt millimètres en papier sur pâte.

Appliqué à des lettres de prêtrise de 1732.

Archives du chapitre de Saint-Arnoul.

C'est un simple cachet, dont l'évêque s'est servi quelquefois pour sceller les actes de sa chancellerie : on en trouve également des exemplaires en cire d'Espagne rouge.

CLAUDE DE CABANES (1738-1741).

Portait : *de gueules à la licorne acculée d'argent.*

Il était vicaire-général du diocèse d'Aix avant d'être nommé à l'évêché de Gap.

Je n'ai point trouvé de sceaux de cet évêque, qui mourut deux ans après son entrée dans sa ville épiscopale.

JACQUES-MARIE CARITAT DE CONDORCET (1741-1754.)

Portait: *d'azur au dragon ailé d'or, onglé et lampassé de sable.*

Ancien officier de chevau-légers, puis grand-vicaire du diocèse de Rhodez, il fit son entrée à Gap en 1742.

Il combattit vaillamment les jansénistes, et tous les prêtres du diocèse durent signer une déclaration d'acceptation de la bulle *Unigenitus.*

Sous son épiscopat, une maladie contagieuse emporta plus de douze cents personnes dans la ville de Gap.

Après quelques démêlés avec son chapitre, il fut transféré à l'archevêché d'Auxerre.

SCEAUX.

N° 34. ∞ IACOBVS. MARIA. EPS. ET. COMES. VAPINCENSIS. ∞ Ecu ovale des Condorcet dans un cartouche orné de guirlandes, timbré d'une couronne de comte, accosté à gauche d'une épée haute surmontée d'une mitre, à droite d'une crosse : le tout est surmonté du chapeau épiscopal à cinq glands.

Sceau ovale de trente-huit millimètres en papier sur pâte.

Appliqué à un certificat donné par Galias Gadague, vicaire-général, constatant l'exactitude de l'extrait de baptême de Gaspard Paul, donné par messire Thomé, curé de Gap. Gap, 1749.

Archives municipales de Gap.

PIERRE-ANNET DE PEROUSE (1754-1763).

Portait : *d'or au lion de sable.*

Il était vicaire-général d'Embrun quand le roi le désigna pour occuper le siége de Gap.

Il rédigea un nouveau bréviaire et malgré les observations du chapitre, il ne fit pas figurer dans le calendrier gapençais saint Démétrius et ses quatre premiers successeurs que l'Église de Gap avait jusque-là honorés comme ses fondateurs.

SCEAUX.

N° 35. P. ANNÆVS. DE. PEROUSE. EPS. ET. COMES. VAPINCENSIS. Écu ovale des de Pérouse dans un cartouche orné, timbré d'une couronne de marquis cimée d'une garde d'épée, accosté à droite de la crosse, à gauche de la mitre, le tout est surmonté du chapeau épiscopal à cinq glands.

Sceau ovale de trente-huit millimètres, en papier sur pâte.

Appliqué à la nomination de François Céas, prêtre, comme chapelain de N.-D. de la Miséricorde de Montbrand, à Tallard. Gap, 1760.

Ma collection.

FRANÇOIS II DE NARBONNE-LARA (1763-1773).

Portait : *de gueules plein*.

Lorsqu'il fut nommé évêque de Gap, François de Narbonne était abbé de Pessan, près d'Auch.

Il fit imprimer le bréviaire rédigé par son prédécesseur, et fut transféré au siége d'Évreux.

SCEAUX.

N° 36. FRANCISCVS. DE. NARBONNE. ✠ EPISCOPVS. COMES. VAPINCENSIS. Écu ovale des Narbonne dans un cartouche timbré de la couronne de duc cimée d'une garde d'épée, accosté de la mitre à gauche, de la crosse à droite : le tout est surmonté du chapeau épiscopal à cinq glands.

Sceau ovale de trente-quatre millimètres en papier sur pâte.

Apposé à la nomination de Pierre de Lafons comme juge épiscopal de Gap et son terroir. Gap, 1764.

Archives des Hautes-Alpes.

Il existe un deuxième sceau semblable aux archives du chapitre de Saint-Arnoul.

N° 37. FRANCISCVS DE NARBONNE EPISE (*sic*) ET COMES VAPIN[s]. Écu ovale de Narbonne dans un cartouche, timbré de la couronne de comte, accosté de la crosse à droite et de la mitre à gauche, le tout posé sur une épée dont la garde forme cimier et surmonté du chapeau épiscopal à cinq glands.

Sceau ovale de vingt-huit millimètres en cire d'Espagne rouge.

Servant de cachet à une lettre de M. de Saint-Genis, vicaire général. Gap, 1772.

<small>Ma collection.</small>

N° 38. Écu ovale des Narbonne dans un cartouche, timbré de la couronne de duc, cimée d'une garde d'épée, accosté de la crosse à droite, de la mitre à gauche, et surmonté du chapeau épiscopal à cinq glands.

Sceau ovale de vingt-trois millimètres en papier sur pâte.

Appliqué à la nomination d'Étienne Maximin, prieur de Venterol, comme chapelain de N.-D. de la Miséricorde de Montbrand, à Tallard. Gap, 1773.

<small>Ma collection.</small>

FRANÇOIS-GASPARD DE JOUFFROI-GONSSANS (1773-1777).

Portait : *fascé de sable et d'or de six pièces, la plus haute chargée de deux croisettes d'argent.*

Était grand-vicaire du diocèse d'Évreux : il ne fit que passer sur le siége de Gap et fut transféré au Mans.

Je n'ai point trouvé de sceau de cet évêque.

JEAN-BAPTISTE-MARIE DE MAILLÉ DE LA TOUR-LANDRY (1777-1784).

Portait : *fascé, enté et ondoyé d'or et de gueules.*

Ancien officier des armées du roi, ancien vicaire-général du diocèse de Dol, fort aimable et fort dépensier. Il faisait son séjour ordidaire du château de Charence, et y donnait des fêtes fort équivoques, sujet de scandale pour tous.

Sa famille, espérant l'aider à payer ses dettes énormes, lui fit obtenir l'évêché de Saint-Papoul, qui rapportait quarante mille livres de rentes.

SCEAUX.

N° 39. Écu des Maillé dans un cartouche, timbré de la couronne de duc cimée d'une garde d'épée, accosté à gauche de la mitre, à droite de la crosse : le tout surmonté du chapeau épiscopal à cinq glands.

Sceau ovale de vingt-cinq millimètres en cire d'Espagne rouge.
Apposé à la nomination d'un chanoine. 1779.
Archives du chapitre de Saint-Arnoul.

C'est le simple cachet de Jean-Baptiste de Maillé : il m'a été impossible de retrouver son grand sceau.

FRANÇOIS-HENRI DE LA BROUE DE VAREILLES (1784-1791).

Portait : *écartelé aux 1er et 4me burelé d'argent et de gueules aux trois fusées de sable de face brochant sur le tout*, qui est de la Roche-Aynart : *aux 2me et 3me fascé et enté d'argent et de gueules de six pièces*, qui est de Rochechouart, *et sur le tout d'azur au chevron d'or accompagné en chef de deux coquilles d'argent, et en pointe d'une main bénissante de même en pal*, qui est de La Broue.

Il était vicaire-général du diocèse de Metz avant d'être appelé à administrer celui de Gap. Il combattit avec ardeur les idées nouvelles, et se vit contraint de fuir son diocèse après avoir été chassé de son palais épiscopal par le peuple de Gap. Ignace de Cazeneuve, l'un de ses chanoines, nommé à sa place par les électeurs, devint le premier évêque constitutionnel des Hautes-Alpes.

SCEAUX.

N° 40. FRANCISCVS. HENRICVS. DE. LA. B...... VAR...... COMES. VAPINCENSIS. Écu des La Broue de Vareilles dans un cartouche, timbré de la couronne de duc cimée d'une garde d'épée, accosté à gauche de la mitre, à droite de la crosse : le tout surmonté du chapeau épiscopal à cinq glands. Au-dessous, sur une banderolle, la devise : IN. MANIBVS. DOMINI. SORS. MEA.

Sceau ovale de cinquante-quatre millimètres en papier sur pâte.

Appliqué à une approbation des comptes de l'évêché de Gap 1789.

Archives des Hautes-Alpes.

Ce sceau, comme on peut le voir sur la gravure, est appliqué sur pâte à l'aide d'une découpure de papier très originale.

N° 41. FRANCISCVS. HENRICVS. DE. LA. BROUE. DE. VAREILLES. EPISC. COMES. VAPINCENSIS. Même type et même devise que le précédent.

Sceau ovale de quarante-cinq millimètres en papier sur pâte.

Appliqué à la nomination d'un vicaire à Gap. 1785.

Archives du chapitre de Saint-Arnoul.

Il existe plusieurs exemplaires de ce sceau dans les archives du département des Hautes-Alpes.

N° 42. Sceau anépigraphe au même type et à la même devise que les précédents, de vingt-six millimètres en cire d'Espagne noire.

Appliqué à des lettres de prêtrise de 1787.
Archives des Hautes-Alpes.

C'est le cachet de l'évêque, on s'en servait quelquefois dans la chancellerie épiscopale, comme le montre l'exemple précédent.

CHAPITRE IV.

JURIDICTIONS ÉPISCOPALES.

ARTICLE I. — DE L'USAGE DU SCEAU DANS LES JURIDICTIONS ÉPISCOPALES DU DIOCÈSE DE GAP.

L'évêque de Gap, ainsi que nous l'avons déjà dit, exerçait sa juridiction ecclésiastique par le ministère d'un official et sa juridiction temporelle par le ministère du juge de la cour de Gap : les appels de ces deux tribunaux ressortissaient de son conseil privé, présidé par lui ou par son vicaire-général.

La plupart des évêques seigneurs temporels avaient des sceaux distincts pour leur officialité et leur cour de justice : les sceaux de l'officialité de Gap ou n'ont jamais existé ou ont totalement disparu : nous croyons que le sceau ordinaire de l'évêque servait à sceller les actes de ce tribunal ecclésiastique et nous avons la preuve de ce fait pour les xve et xvie siècles.

La cour temporelle de Gap scellait ses actes et percevait même pour cette formalité des droits considérables : nous lisons dans l'article 16 de la grande transaction de 1378 la disposition suivante : « *Item et nulla persona civilis vel incola Vapincensis ad bullandum*

« *instrumenta sua non debent nec debebunt compelli ullo modo,*
« *nisi eo casu quo perducentur in judicio.* » Dans ce cas, on
devra remettre au clavaire ou trésorier de l'évêque cinq deniers pour
les actes ordinaires, et si la somme en litige excède cinquante livres,
dix deniers. L'art. 56 de la même transaction s'occupe encore du
sceau et dans des termes à peu près identiques.

Mais la cour temporelle de Gap n'eut jamais une importance
considérable : le territoire sur lequel s'étendait sa juridiction était
fort restreint, pauvre et peu habité. Cet état de choses n'était pas fait
pour donner naissance à de nombreux procès ; aussi je crois que le
sceau particulier de l'évêque servit souvent, faute d'un sceau spécial,
à la chancellerie de la cour temporelle de Gap.

L'évêque, outre son tribunal de Gap, entretenait des juges dans
ses principales terres, surtout dans les plus éloignées de sa ville
épiscopale, comme Lazer et Montalquier, par exemple. Nous avons
trouvé des actes du xvie siècle, munis du sceau de ces tribunaux
inférieurs.

ARTICLE II. — DESCRIPTION DES SCEAUX DES TRIBUNAUX
ÉPISCOPAUX.

GAP.

N° 43. ✠ : s : ꞅꞇꞃaxꞇ........ ꞅxꞅ : Épée à droite et crosse
au croçon très orné, tourné en dehors, à gauche, en pal : dans les
intervalles en légendes verticales : ꞇaꞇ.. — ꞅꞇꞃaxꞇ : ꞅ... — ꞃxꞇ.

Sceau orbiculaire de cinquante millimètres environ en cire jaune,
suspendu par des cordons de fil bleu, blanc et rouge.

Appendu à un accord par lequel les frères Eudes cèdent à Boniface, d'Aspres, une vigne au Palluel, terroir de Gap. Gap, 1280.
Archives des Hautes-Alpes.

La légende principale de ce sceau me paraît devoir être restituée de la façon suivante : ✠ : S : CVRIE. EPISCOPALIS OU TEMPORALIS VAPINCENSIS, quoique dans l'acte auquel il est appendu on lui donne seulement le nom du *curiæ Vapincensis sigillum*.

La légende inscrite dans le champ est plus difficile à interpréter et à compléter. Je propose la leçon suivante : ecce — gladiu : dñi — hic : *ecce gladium (iu* en monogramme*) domini, hic :* C'est là le glaive du Seigneur. Quoi qu'il en soit, le type et la légende de ce sceau offrent le plus grand intérêt : le type caractérise admirablement par la crosse et l'épée la double juridiction dont étaient investis nos évêques, la légende personnifie d'une façon énergique leurs prétentions à un pouvoir absolu sur les vassaux.

Il est à remarquer, en outre, que notre sceau date du règne d'Othon II (1251-1282) : à cette époque, grâce à de puissantes alliances contractées avec les princes voisins, nos évêques paraissaient devoir réaliser leur rêve et exercer sur Gap et son territoire une autorité souveraine.

N° 44. Écu à une bande : on ne voit aucune légende sur ce sceau.

Sceau rond (?) de trente-cinq millimètres environ en cire rouge recouverte de papier, suspendu par une double queue de parchemin.

Appendu à une procuration donnée par Gabriel de Clermont, évêque, à messire Thibaud, vicaire-général ; acte en français, *scellé du scel establi aux contrats*. Gap, 1552.
Archives du chapitre de Saint-Arnoul.

Les armoiries représentées sur ce sceau ne sont pas celles de

Gabriel de Clermont, évêque de Gap : elles sont probablement celles du juge de la cour épiscopale.

LAZER.

N° 45. Écu écartelé *aux 1er et 4e (?) de trois roses en fasce, aux 2e et 3e de deux dauphins ;* de chaque côté de l'écu une branche de laurier.

Sceau ovale fort détérioré, en papier sur pâte.

Appliqué à une ordonnance d'enquête sur une exposition d'enfant par Gaspard Bon, juge ordinaire de Lazer. Lazer, 1564.

<small>Archives du chapitre de Saint-Arnoul.</small>

Je n'ai pas fait graver ce sceau ni le suivant, à cause de leur mauvaise conservation : j'ignore quelles peuvent être les armoiries représentées sur celui-ci, ce sont peut-être celles du Dauphiné écartelées avec celles de Lazer ou de Gaspard Bon.

Le château et le village de Lazer sont assez éloignés de Gap et situés entre Ventavon et Laragne, dans la vallée du Buëch.

MONTALQUIER.

N° 46. Écu chargé de trois chevrons.

Sceau fort détérioré, en papier appliqué sur cire rouge.

Appliqué à un ordre d'Esprit Giraud, juge ordinaire de Montalquier, aux officiers de sa cour de faire maintenir Benoît Moton, notaire épiscopal, en possession de certains biens dont il est devenu propriétaire par adjudication. Montalquier, 1568.

<small>Archives du chapitre de Saint-Arnoul.</small>

J'ignore encore à qui appartiennent les armoiries représentées sur ce sceau.

Montalquier, village aujourd'hui disparu, était situé à quelques kilomètres de Gap, près du hameau de la Tour-Ronde.

ARTICLE III. — DESCRIPTION DES SCEAUX DES JUGES ÉPISCOPAUX.

Je connais le sceau d'un seul des juges épiscopaux de Gap, en voici la description :

N° 47. Écu ovale *écartelé aux 1er et 4e d'un burelé, aux 2e et 3e d'un losangé*, dans un cartouche timbré d'une couronne.

Sceau ovale de vingt-cinq millimètres en cire d'Espagne rouge,

Appliqué à un certificat de Pierre de Lafons, juge ordinaire de Gap, constatant que Justin Disdier est notaire et greffier au bailliage de Gap. Gap, 1784.

Archives municipales de Gap.

Pierre de Lafons fut le dernier juge épiscopal de Gap.

II.

CHAPITRE DE S^T ARNOUL.

CHAPITRE I.

CONSIDERATIONS HISTORIQUES SUR LE CHAPITRE
DE SAINT ARNOUL.

L'institution des chapitres est fort ancienne : avant le vIII^e siècle, ils se composaient de personnes pieuses, souvent simples laïques, réunies en communauté, suivant une règle monastique et ne possédant aucun bien en propre; à cette époque, ils étaient déjà les conseils de l'évêque et concouraient à son élection d'accord avec le peuple. Peu à peu, les clercs, puis, les prêtres usurpèrent le droit d'être seuls admis dans les chapitres, la vie en commun cessa, les chanoines se firent remplacer au chœur par de simples prêtres bénéficiers, et par l'acquisition de terres et de fiefs les chapitres devinrent souvent des pouvoirs féodaux importants. A partir du Xe siècle, les chapitres s'emparèrent du privilége considérable de constituer à eux seuls le corps électoral chargé de nommer l'évêque : ce droit ne leur fut pas contesté par la cour de Rome avant le milieu du XIIIe siècle; le chapitre de Saint-Arnoul l'exerçait encore de temps en temps, jusqu'au milieu du XVe.

Depuis longtemps le patrimoine du chapitre de Saint-Arnoul avait été séparé de celui de l'évêché, lorsque le pape Alexandre III, par une bulle de 1176, constitua définitivement la puissance de ce corps en le soustrayant à la juridiction spirituelle et temporelle de l'évêque de Gap et de tout autre prince, pour l'assujettir à celle de son doyen avec appel direct à la cour de Rome.

Voici les dispositions principales de cet acte important qui est fort long :

« Igitur prout petita dilectorum filiorum decani et canonicorum
« capituli Vapincensis, nuper nobis exhibita, continebat, ipsum ca-
« pitulum cum dignitatibus, præbendis, ecclesiis, capellis, oratoriis,
« villis, castris seu hortis, jurisdictionibus, domibus, grangiis, fami-
« liis, nemoribus, territoriis, animalibus, pascuis, furnis, molendi-
« nis, pratis, terris, vineis, pisqueriis et aliis membris et personis
« eodem capitulo mediate vel immediate subjectis vilibet constitutis,
« perpetuo communiter vel divisim fore a jurisdictione quorumli-
« bet ordinariorum exemptum et soli Deo et immediate dictæ sedi
« apostolicæ subjacere cum personis et dignitatibus cum eisdem.
« —— Ipsum capitulum, decanum et canonicos quoscumque,
« dum tamen dicto capitulo sacramentum et obedientiam præsti-
« terint,..... ab omni ordinaria jurisdictione, dominio, visitatione
« et superioritate qualibet omnium et singulorum patriarcharum,
« archiepiscoporum, episcoporum et aliorum quorumlibet judicum
« et officialium ordinarium, plena et de speciali dono gratia, cum
« moderatione subscripta, eximimus et totaliter liberamus. ——
« Decernimus insuper quaslibet excommunicationum, suspensionum

« vel interdicti sententias et quoscumque processus, quævis pœnas
« et sententias continentes, quas et quos contra decanus canonicos
« et capitulum nec non dignitates præbendas, ecclesias, capellas....
« contra tenorem et formam exemptionis hujusmodi quomodolibet
« promulgari et haberi contigerit, irritos et inanes, adjicientes quo-
« que interdicimus et sub interminatione anathematis prohibemus
« ne aliqua ecclesiastica vel sæcularis persona infra terminos capi-
« tuli..... hominem capere, furtum vel rapinam committere, vel
« homicidium audeat facere et homines ad eos venientes, vel ab eos
« redeuntes quomodolibet perturbare ut, ob reverentiam Dei ac
« personarum ac locorum a decem passibus ecclesiarum.... præ-
« dictorum decani et capituli et canonicorum eorum, non solum
« ipsi ac familiares et degentes cum eis, sed etiam alii quicumque
« plenam pacem habeant et quietem. —— Statuimus insuper ut ad
« eumdem decanum tamque ad superiorem dicti capituli in ejus
« canonicos, donatos aliosque subditos, quoad correctionem puni-
« tionem et omnimodam jurisdictionem ac censuram ecclesiasticam
« et mundanam plenaria spectet auctoritas et potestas, salvo quod
« sibi forsan subditi hujusmodi per eumdem decanum indebite gra-
« varentur, quod eo casu possint per appellationis remedium ad
« sedem apostolicam et non ad inferiorem recursum habere. ——
« Si qua igitur in futurum ecclesiastica sæcularisve persona hanc
« nostræ concessionis et constitutionis paginam perpetuam, sciens
« fuerit ausus contra eam temere venire, secundo tertiove commo-
« nita, nisi præsumptionem suam digna satisfactione correxerit,
« potestate, honore seu dignitate careat, ream que sibi divino
« judicio existere de perpetrata iniquitate cognoscat et ea sacratis-
« simo corpore et sanguine Dei et domini redemptoris nostri J.-C.
« aliena fiat atque in extremo examine distractæ ultioni subjaceat

« nec non indignationem Dei omnipotentis et B.B. Petri et Pauli
« apostolorum ejus incurrat. »

Pendant le cours du xiiie siècle, le chapitre de Saint-Arnoul forma un corps puissant : il avait l'élection des évêques, une juridiction spéciale sur ses membres, leurs biens, leurs vassaux, leurs serviteurs ; il était propriétaire et seigneur des terres de Saint-Laurent-du-Cros, Rabou, Chaudun, etc., aussi, à cette époque, eut-il à soutenir souvent des luttes contre les évêques, qui voyaient avec peine une institution rivale vivre et prospérer à côté d'eux.

La puissance des chanoines de Gap fut encore augmentée en 1272 par le droit qui leur fut concédé par traité, d'avoir toujours l'un d'entre eux au nombre des conseillers de la commune de Gap.

Les évêques même furent obligés pendant longtemps de respecter les franchises du chapitre, dans lequel ils avaient droit de siéger, mais comme chanoines seulement et non comme évêques ; ils étaient même contraints, à leur entrée à Gap, de jurer de se conformer dans leur administration aux libertés et franchises de ce corps. « Cum
« ipse sit in capitulo Vapincensis ut canonicus et non ut prælatus,
« quod ipse debeat jurare statuta ecclesiæ Vapincensis, necnon ut
« episcopus, manu in pectus posita, more prælatium, servare eorum
« privilegia et libertates, » disent les anciens statuts du chapitre de Gap.

Lorsque les évêques eurent restreint par la force les libertés de la ville de Gap, ils se tournèrent contre le chapitre et non sans peine, et en arguant de faux la bulle d'Alexandre III, ils parvinrent peu à peu à anéantir la plupart de ses priviléges. Nous ne voyons pas que dans le cours des xve et xvie siècles, la juridiction du doyen ait persisté à côté de celle de l'évêque ; le chapitre marcha même complétement d'accord à cette époque avec les évêques dans leurs luttes avec leurs vassaux, le Dauphin ou les Protestants.

Enfin, le 5 février 1604, une transaction intervenue entre l'évêque et le chapitre stipula que le droit de visitation de l'Église de Gap et de punition des délits ou crimes commis par les chanoines appartiendrait à l'évêque, à charge par celui-ci d'appeler toujours à l'instruction et jugement de ces causes, le doyen et un chanoine ou deux chanoines en l'absence du doyen.

Cette dernière ombre de juridiction leur fut contestée peu d'années après par l'évêque Charles-Bénigne d'Hervé, et, par un acte de 1687, ils furent obligés de reconnaître le bien fondé de ses prétentions.

Le chapitre avait perdu au XVIIe siècle la plupart de ses terres et revenus par suite des guerres de religion : nous le voyons en 1611 abandonner aux consuls tous ses droits sur la ville de Gap moyennant une rente de 500 livres et, plus tard, vendre les terres de Rabou et Chaudun.

Les plus anciens statuts connus du chapitre de Saint-Arnoul datent de l'épiscopat de Geoffroy de Launcel, en 1293; peu d'années après (1320), Guillaume d'Estienne, réfugié à Carpentras avec le chapitre, concourut à la rédaction de statuts nouveaux destinés à remplacer les anciens. Ils furent une troisième fois modifiés en 1476 : ces derniers statuts, dont une copie existe encore aux archives du chapitre, règlent de la manière suivante le nombre des membres de ce corps et leurs fonctions : c'étaient le doyen (*episcopellus*), douze chanoines (*supercorarii*), et six *sclafardii ;* le bas chœur était occupé par les bénéficiers (*panaterii*) tenus à la résidence. Le chapitre avait en outre, à ses ordres, six petits clercs (*pueri clericuli*) et un bedeau (*bedullum seu bastonarium*) payé cinq florins par an.

Au XVIIe siècle, le chapitre se composait du doyen, du prévôt, de l'archidiacre, du précenteur, du sacristain et de dix chanoines. En 1789, il comptait les cinq dignitaires et neuf chanoines seulement, dont l'un portait le titre de théologal et l'autre de capiscol; le bas chœur était tenu par onze bénéficiers et deux curés.

La nomination des chanoines et dignitaires appartint exclusivement au chapitre jusqu'au XVIIe siècle ; à partir de cette époque l'évêque fut investi du droit de nommer deux chanoines sur neuf.

CHAPITRE II.

DESCRIPTION DES SCEAUX DU CHAPITRE DE SAINT-ARNOUL.

Portait : *de gueules au bras bénissant en pal d'argent, au chef cousu d'azur chargé de trois étoiles d'argent.*

Ces armoiries sont modernes; plus anciennement, comme le prouvent les sceaux que nous allons décrire, le bras seul de saint Arnoul était adopté comme emblème du chapitre de Gap.

Ces sceaux, au nombre de deux, sont en cire, de forme orbiculaire et datent du XIIIe siècle; à cette époque, la puissance des chanoines de Gap était à son apogée.

J'ai vainement cherché des monuments sigillographiques du chapitre datant d'une époque plus récente, mes recherches ont été infructueuses même pour les XVIIe et XVIIIe siècles.

N° 48. ✠ DEXTERA. SCI. ARNVLFI. EPI. ET CONF. Bras de saint Arnoul en pal revêtu d'une double manche, sortant d'un nuage et bénissant.

Sceau orbiculaire de cinquante millimètres en cire jaune, suspendu par des cordons de fil blanc et rouge.

Appendu à la donation par Guillaume II, évêque de Gap, de l'église de Saint-Julien au couvent de Saint-Marcel de Die. Gap, 1204.

Ad majorem firmitatem habendam presentem paginam sigillo..... capituli roboravi.

Archives des Hautes-Alpes.

Le nom du chapitre de Gap n'a pas été gravé sur ce sceau, on s'est contenté d'y inscrire le nom et les titres de saint Arnoul, son patron. Il existe quelques rares exemples de légendes semblables.

En revanche, plusieurs églises ou chapitres ont adopté pour armoiries ou emblèmes le bras bénissant de leur patron : j'ai déjà cité, en décrivant les bulles des évêques de Gap, la collégiale de Saint-Gengoul, à Toul, dont les sceaux représentent le bras de ce saint avec la légende : DEXTERA. SCI. GENGVLFI., qui se rapproche singulièrement de celle du sceau précédent.

N° 49. ✠ S. CAPITVLI. VAPINCENSIS. Bras de saint Arnoul en pal, revêtu d'une double manche ornée, sortant d'un nuage et bénissant; dans le champ, en légende verticale : DEXTERA. SCI — ARNULFI.

Sceau orbiculaire de cinquante-cinq millimètres en cire jaune, suspendu par des cordons de fil bleu, blanc et rouge.

Appendu à la nomination par le chapitre de deux chanoines hors nombre, à la prière d'Othon II, évêque de Gap, sans que ce fait pût être considéré comme un précédent. Rambaud, 1271.

Et ut hoc instrumentum majorem obtineat firmitatem voluerunt .... in memoria supradicti, illud sigilli..... capituli Vapincensis munimine roborari in testimonium veritatis.

Appartient à M. l'abbé James, curé de Gap.

Ce sceau, par son style et sa conception, se rapproche singulièrement de celui de la cour temporelle de l'évêque, décrit sous le n° 43 ; ces deux monuments sont évidemment sortis des mains du même graveur. Il est remarquable par l'élégance des draperies environnant le bras de saint Arnoul et des lettres composant la légende.

Un second exemplaire de ce sceau existe aux archives du chapitre, suspendu par de simples ficelles à un titre de 1314.

CHAPITRE III.

SCEAUX DES DIGNITAIRES DE L'ÉGLISE DE GAP.

Dans les provinces où l'usage des sceaux était fort répandu, les doyens, prévôts, archidiacres, etc., avaient leurs sceaux particuliers; dans le nord de la France, on trouve des spécimens sigillographiques fort nombreux et forts beaux de ces diverses dignités ecclésiastiques. Les tribunaux, présidés par les doyens, les archidiacres, etc., avaient également leur chancellerie spéciale dont les monuments offrent souvent un grand intérêt. Nous n'avons à décrire aucun monument sigillographique de la juridiction capitulaire de Gap, et nous n'avons trouvé que trois sceaux, peu intéressants et datant du xvie siècle, des dignitaires du chapitre ou de l'église de Gap.

SIXTE CONSTANT.

N° 50. *Écu rond à deux fasces jumellées accompagnées en chef d'une palme (?) accostée de deux besans et en pointe d'une tête de lion (?).*

Sceau orbiculaire de quinze millimètres en papier sur cire rouge, suspendu par une simple queue de parchemin.

Appendu à des lettres de prêtrise données par Sixte Constant, vicaire général de Gap. Gap, 1571.

<small>Archives du chapitre de Saint-Arnoul.</small>

Un sceau semblable, mais appliqué à des lettres de diaconat de la même année, est conservé aux mêmes archives.

Ce vicaire général est nommé dans les listes des dignitaires de l'église de Gap : Sixte Constant de Ponat; or, les armoiries des Ponat : *d'or aux trois têtes de paon d'azur*, sont fort différentes de celles qui sont représentées sur le sceau que je viens de décrire. Sixte Constant ne devait donc point appartenir à cette noble famille dauphinoise.

Ce vicaire général remplissait également les fonctions de doyen du chapitre et il administra l'église de Gap pendant la longue vacance qui suivit l'apostasie de Gabriel de Clermont (1568-1571).

Le sceau précédent date de cette époque.

CLAUDE DE SAINT-MARCEL.

N° 54. Écu des Saint-Marcel *de gueules à trois chevrons d'argent au chef d'or* au milieu d'un large gâteau de cire.

Sceau en forme d'écusson de treize millimètres en papier plaqué sur cire rouge, suspendu à une double queue de parchemin.

Appendu à une sentence arbitrale rendue par délégation du pape par Claude de Saint-Marcel, chanoine et sacristain de l'église de Gap, entre Gaucher Giraud et les Jacobins de Gap. Gap, 1529.

<small>Archives du chapitre de Saint-Arnoul.</small>

BENOIST BOUGAUD.

N° 52. Dans un filet rond, écu déchiqueté *au chevron accompagné de trois étoiles au chef chargé d'un oiseau.*

Sceau orbiculaire de vingt millimètres en papier sur pâte.

Appliqué à une réclamation par Benoist Bougaud, chanoine et receveur de l'église de Gap, aux consuls de cette ville, à l'effet de se faire payer des dîmes dues depuis plusieurs années. Gap, **1576.**

Archives du chapitre de Saint-Arnoul.

Les sceaux précédents sont simplement les cachets de ces trois chanoines de Gap, dont on s'est servi par nécessité en guise de sceaux véritables.

III.

ABBAYES.

CHAPITRE I.

ABBAYES DE CLAUSONNE ET DE SOURRIBES.

Le diocèse de Gap comptait cinq abbayes. Deux appartenaient à l'ordre de Saint-Benoît, deux autres aux Chartreux, on ne sait pas de quel ordre étaient les religieux de la cinquième.

Les abbayes qui suivaient la règle de saint Benoît étaient celle de Clausonne, pour les religieux; celle de Sourribes, pour les religieuses.

On ignore la date de la fondation de la petite abbaye de Clausonne, dont il ne reste plus trace aujourd'hui. La liste de ses abbés est également à peu près inconnue.

L'abbaye des Bénédictines de Sourribes existait déjà au commencement du XIIIe siècle; en 1464, elle fut unie au couvent des religieuses de Sainte-Claire de Sisteron.

Je n'ai retrouvé aucun monument sigillographique de ces deux petites abbayes.

CHAPITRE II.

ABBAYE DE DURBON.

ARTICLE I. — CONSIDÉRATIONS HISTORIQUES.

Portait : *d'or à la croix ancrée de gueules.*

La chartreuse de Durbon était située dans une contrée sauvage et couverte de forêts : une colonie de la Grande-Chartreuse, conduite par Lazare, la fonda en 1116.

La famille provençale de Beaudinar, qui possédait en Provence et en Dauphiné de grandes terres, fit don, à cette époque, aux disciples de saint Bruno, du vaste territoire de Durbon. Cette donation fut approuvée la même année par l'évêque de Gap.

Le pape Alexandre III confirma, en 1169, les donations successives faites à Durbon, et prit cette abbaye sous sa protection. Frédéric Barberousse (1178) et Henri VI (1188), rois des Romains, délivrèrent à la Chartreuse de Durbon des diplômes dont le contenu est presque semblable à celui de la bulle d'Alexandre III.

Immédiatement après leur installation, les moines commencèrent les travaux de défrichement et la construction des bâtiments ; en 1121, l'église du couvent fut consacrée solennellement par les évêques de Gap et de Die.

Pendant les deux siècles qui suivirent, l'abbaye de Durbon s'enrichit d'une foule de donations consenties en sa faveur par les seigneurs des environs ; les moines eurent également à se défendre contre la cupidité et les violences de plusieurs puissants seigneurs voisins, entre autres, les Montauban, barons de Montmaur, les Arnaud de Flotte et les Templiers de Lus.

L'abbaye de Durbon ne paraît pas avoir trop souffert des guerres de religion; le couvent fut probablement pillé, mais, plus heureux que l'évêque de Gap et une foule d'autres seigneurs ecclésiastiques, les moines purent recouvrer leurs terres et leurs droits sans trop de difficulté.

Au milieu du xviie siècle, Durbon était habité par treize religieux et sept frères : en 1789, il ne comptait plus que sept religieux et six frères; les terres étaient cultivées par vingt domestiques. Les revenus de la maison étaient de vingt mille livres de rente au moins.

L'abbaye de Durbon fut supprimée en 1790 ; aujourd'hui, ses bâtiments sont en ruines.

ARTICLE II. — DESCRIPTION DES SCEAUX DE DURBON.

N° 53. ✠ SIGILLV.... BONIS. Type effacé représentant autrefois le buste de saint Bruno de face.

Sceau orbiculaire de trente-trois millimètres en cire jaune, suspendu par des cordons de fil blanc, jaune et rouge.

Appendu à un accommodement entre les maisons de Durbon et Berthaud au sujet de pâturages. 1244.

<small>Archives des Hautes-Alpes.</small>

Deux autres exemplaires du même sceau sont conservés aux mêmes archives; sur tous ces exemplaires, le type est également indistinct, mais une note écrite au xviie siècle sur l'acte lui-même nous apprend qu'il représentait le buste de saint Bruno.

N° 54. ✠ **s· domu…… onis·** Jésus-Christ nimbé debout à gauche sortant du tombeau, de chaque côté un soldat appuyé sur sa lance.

Sceau orbiculaire de vingt-sept millimètres en cire verte recouverte de papier, suspendu par une double queue de parchemin.

Appendu à un arrentement perpétuel du domaine et de la grange de Berthaud, à Ventavon. 1475.

<small>Archives des Hautes-Alpes.</small>

N° 55. DVR... NIS. SED. VTILIS. Croix ancrée.

Sceau orbiculaire de dix-sept millimètres en cire d'Espagne rouge.

Appliqué à la nomination d'un garde des forêts de Durbon. Durbon, 1728.

<small>Archives des Hautes-Alpes.</small>

N° 56. DVRA. BONIS. SED. VTILIS. Croix ancrée.

Sceau ovale de vingt-quatre millimètres en cire d'Espagne rouge.

Appliqué à la nomination d'un garde des forêts de Durbon. Durbon, 1749.

<small>Archives des Hautes-Alpes.</small>

La légende des deux sceaux précédents contient sur le nom de Durbon un jeu de mots facile à saisir.

N° 57. ✠ SIGILLUM. CARTVSIÆ. DVRBONIS. Croix ancrée dans un cartouche.

Sceau orbiculaire de vingt-huit millimètres en cire d'Espagne rouge.

Appliqué à une nomination de garde des forêts de Durbon. Durbon, 1760.

Archives des Hautes-Alpes.

Il existe aux mêmes archives des exemplaires de ce sceau en papier sur pâte rouge.

ARTICLE III. — SCEAUX DU JUGE DE DURBON.

Dès le milieu du XIIIe siècle, les agrandissements successifs du territoire de Durbon imposèrent à l'abbaye l'obligation d'établir un juge chargé de prononcer dans les litiges survenus entre ses vassaux. Ce juge procédait également au civil et au criminel, et rendait la justice au nom du roi de Provence et du prieur de Durbon.

BATARDIN DE MONTBERAT.

N° 58. ✠ S. BASTARDI... ONTOBERATO. ✳. Lion à queue fourchue, tourné à gauche.

Sceau orbiculaire de quarante-quatre millimètres en cire jaune, suspendu par des attaches de chanvre.

Appendu à une vente faite à Durbon par les coseigneurs de Veynes, du ténement qu'ils possèdent depuis le col de Glaize jusqu'au col de Tombarel. Durbon, 1258.

<small>Archives des Hautes-Alpes.</small>

Rien dans la légende de ce sceau n'indique que Batardin de Montberat fut juge de Durbon, mais nous lisons au début de l'acte qu'il est passé *in presentia monachi judicis Bastardini*. Cette mention nous apprend que Batardin était à la fois juge et moine de Durbon.

CHAPITRE III.

ABBAYE DE BERTHAUD.

ARTICLE I. — CONSIDÉRATIONS HISTORIQUES.

Portait : *De* ..... *à la croix pattée de* .....

La fondation de l'abbaye de Berthaud remonte à l'année 1188 ; à cette époque, Adélaïde, femme d'Arnaud de Flotte, donna aux chartreusines de Saint-André-de-Prébaïon, près Valence, le vaste territoire de Berthaud, situé au pied du mont Aurouze, dans une des contrées les plus sauvages du diocèse de Gap.

Les religieuses de Saint-André vinrent presque immédiatement se fixer dans leur nouvelle demeure, sous la surveillance spirituelle et temporelle des pères de Durbon.

L'abbaye de Berthaud ne devait pas avoir une aussi longue existence que celle de Durbon ; en 1448, un incendie en détruisit les bâtiments de fond en comble, ils ne devaient jamais se relever.

Les chartreusines furent transférées provisoirement à Durbon et y séjournèrent plus d'un siècle et demi. En 1599, Paparin de Chaumont défendit aux religieux et religieuses d'habiter sous le même toit; on obéit et, en 1601, la dernière des chartreusines de Berthaud fut transférée au monastère de Prémol.

ARTICLE II. — DESCRIPTION DES SCEAUX DE BERTHAUD.

N° 56. ✠ s. sce. marie. de. bertaudo. Croix pattée.
Sceau orbiculaire de trente-quatre millimètres en cire jaune, suspendu par des attaches de peau.

Appendu à un accord passé entre les maisons de Durbon et Berthaud, touchant les pâturages de Montmaur, la Cluse et le Dévoluy, stipulant que désormais ils seraient communs. 1222.
Archives des Hautes-Alpes.

On conserve aux mêmes archives deux autres sceaux semblables suspendus à des actes de 1244 et 1245 par de simples ficelles.

N° 57. ..... xu... ma... do..... cratus. m. a.... Croix reposant sur un terrain sur lequel elle est assujetie par des coins, portant l'inscription et deux lances en sautoir; à gauche, dans le champ, une lance, un fer de lance, une pioche, trois dés, un coq et un faisceau de verges; à droite, une enseigne militaire, une couronne, un vase et une éponge au bout d'une lance.

Au revers, l'empreinte d'un doigt.

Sceau orbiculaire de trente-cinq millimètres environ, en cire verte, suspendu par une double queue de parchemin.

Appendu à l'arrentement perpétuel de la grange et domaine de Berthaud, près Ventavon. 1475.
Archives des Hautes-Alpes.

Ce sceau date de l'époque où les chartreusines de Berthaud étaient déjà réunies à l'abbaye de Durbon. Il existe aux mêmes archives un second exemplaire du même sceau, suspendu à un bail emphytéotique de 1435. J'ai vainement essayé d'interpréter sa légende en grande partie détruite.

CHAPITRE IV.

ABBAYE DE CLAIRECOMBE.

Cette abbaye était située près du village de Ribiers, sur les bords d'un torrent nommé Claire-Combe; on ignore à quel ordre elle appartenait et les dates de sa fondation et de sa destruction.

Il en existe encore de belles ruines répandues sur une étendue considérable de terrain.

Je n'ai point trouvé de sceau de cette abbaye, mais celui de l'un de ses abbés seulement.

RICHAUD.

N° 61. ✠ S. a. xaaxs. ozxacumaxs. L'abbé debout de face, vêtu de la tunique, de la chasuble et de l'amict, coiffé d'un chapeau triangulaire, tenant de la main droite la crosse, le croçon tourné en dedans, et de la gauche un rouleau de papiers.

Sceau ogival en cire verte, de quarante-cinq millimètres, suspendu par des cordons de fil bleu, blanc et rouge.

Appendu à la donation faite à l'abbaye de Durbon, par Guillaume de Pontis, de tous les droits de pâturage et autres qu'il exerce sur le territoire de la Cluse et les environs. 1224.

Archives des Hautes-Alpes.

Richaud, abbé de Clairecombe, paraît comme témoin dans cet acte, mais il n'y est fait en aucune façon mention de son sceau qui y est appendu.

IV.

PRIEURÉS.

CHAPITRE I.

CONSIDÉRATIONS HISTORIQUES SUR LES PRIEURÉS.

L'établissement des prieurés date du XIe siècle ; leur origine fut dans les donations territoriales nombreuses faites, à cette époque, aux abbayes par les seigneurs. Lorsqu'une abbaye devenait propriétaire dans une province éloignée, elle y envoyait un ou plusieurs religieux chargés à la fois de cultiver les terres, de percevoir les dîmes et de desservir les paroisses environnantes. Quand le prieuré était important et suffisait à l'entretien de plusieurs religieux, il devenait une véritable petite abbaye, ayant sa vie propre, son juge, sa chancellerie, en un mot, s'administrant elle-même avec une indépendance presque absolue. Lorsque, au contraire, le prieuré était de peu de revenu ou se composait uniquement de dîmes prélevées sur les habitants et non de terres, les abbayes y entretenaient souvent des prêtres séculiers remplissant, pour un modique salaire, les fonctions de curé et restituant à l'abbaye le surplus des revenus.

Cet état de choses, ne servant qu'à perpétuer l'ignorance et la misère parmi les populations rurales, se prolongea assez longtemps ; peu à peu, cependant, l'incapacité d'un grand nombre de titulaires de prieurés devint scandaleuse, et la cour de Rome, d'accord en cela avec l'autorité royale, sécularisa beaucoup de prieurés et en rendit la collation aux évêques.

Le diocèse de Gap comptait un grand nombre de prieurés et, parmi les plus importants, il faut citer ceux de Romette, Aspres et Lagrand.

Je n'ai trouvé aucun sceau du prieur de Romette joint aux actes conservés dans les archives des Hautes-Alpes, dans lesquels ce religieux paraît comme témoin ou partie.

CHAPITRE II.

DESCRIPTION DES SCEAUX DES PRIEURÉS.

PRIEURÉ D'ASPRES.

Le prieuré d'Aspres avait pour armoiries, d'après d'Hozier : *d'argent au lion de gueules.*

Il était de la collation de l'abbé d'Aurillac et avait, comme cette abbaye, pour patron saint Géraud. Ses revenus étaient considérables et il comptait plusieurs religieux. Les prieurs d'Aspres eurent des luttes nombreuses à soutenir avec les chartreux de Durbon, leurs voisins, ils ne furent pas les plus forts et leur puissance, autrefois considérable, fut par la suite grandement amoindrie.

Ce prieuré fut détruit pendant les guerres de religion et depuis lors il n'a pas été relevé.

ARTICLE I. — SCEAUX DU PRIEURÉ.

N° 62. ✠ sanctus. geraldo.... aspa.... s. Saint Géraud à cheval à gauche, vêtu d'une tunique courte, d'un casque conique et d'un manteau flottant.

Sceau orbiculaire de quarante millimètres en cire jaune, suspendu par une double queue de parchemin, dont l'une sort à angle droit.

Appendu à une donation faite à la chartreuse de Durbon par Roger, prieur d'Aspres, de l'église de Sept-Fonds avec les droits de cette église sur Montmaur, moyennant une rente annuelle d'un florin d'or et une livre de cire. Aspres, 1238.

Archives des Hautes-Alpes.

Nous allons décrire plus bas le sceau personnel de Roger, prieur d'Aspres.

Cette manière de suspendre les sceaux par deux bandes de parchemin, dont l'une, repliée à angle droit dans l'intérieur de la cire sort par l'un des côtés; est toute spéciale à Aspres et inusitée dans le reste du diocèse de Gap.

ARTICLE II. — SCEAUX DES PRIEURS.

FÉRAUD.

N° 63. ✠ S. FRIS. FERAVDI. PORIS. D. ASPIS. Saint Géraud debout sur les trois clous de la passion, vêtu d'une longue tunique, tenant une palme de la main droite. A gauche, dans le champ, un symbole inconnu et s; à droite G.

Sceau ogival de quarante millimètres en cire jaune, suspendu par des cordons de fil bleu, blanc et rouge.

Appendu à la donation de deux prés faite au couvent de Durbon. 1190.

Et ad majorem firmitatem sigillum suum fieri apponi jussit huic carte instrumenti.

Archives des Hautes-Alpes.

ROGER.

N° 64. ✠ S. R. ⱤAIORIS.... E. R......... Saint Géraud nimbé, debout de face, vêtu d'une courte tunique et d'un manteau; à droite dans le champ ☉.

Sceau ogival de cinquante millimètres environ en cire jaune, suspendu par des attaches de peau.

Appendu à la confirmation par Laugier de Sigottier et sa femme Agnès, de la donation faite à la chartreuse de Durbon, par les frères Falcon de Veynes, de tout ce qu'ils possédaient dans les terroirs de Vaux, du Villard, etc. 1232.

..... *qui rogatus fuit ab utraque parte ut presenti carte sigillum suum apponeret.*

Archives des Hautes-Alpes.

Roger, prieur d'Aspres, était frère de Guillaume Auger, seigneur de la vallée d'Oze. Ce chevalier se fit chartreux en 1235, et fit don à son frère des seigneuries de Montbrand et de la Baume.

MAINFROY.

N° 65. ✠ S. ⱮAIꝐROI. ⱤAIORIS. DE. ASPERIS. Saint Géraud nimbé, debout de face, vêtu d'une courte tunique et d'un manteau, tenant une palme de la main droite. Dans le champ à gauche ꝐI traversé par une croix latine renversée, à droite ☉.

Sceau ogival de cinquante-cinq millimètres en cire jaune, suspendu par des cordons de fil blanc, vert et rouge.

Appendu à une donation faite à la chartreuse de Durbon par Pierre Blado et sa femme, de deux prés situés dans le territoire de Vaux. 1241.

Archives des Hautes-Alpes.

Ces trois sceaux, dont le plus ancien et le plus récent sont séparés par une période de plus de cinquante ans, sont différents comme travail, mais absolument semblables comme type. Les initiales des mots *Sanctus Geraldus* se voient dans le champ.

Les archives des Hautes-Alpes conservent deux autres exemplaires du n° 65, suspendus tous deux à des actes de l'année 1247, par des cordons de soie verte.

PIERRE.

N° 66 ... s. ⁊. ᴘʀᴏʀ... ᴅᴄ. ᴀsᴘʀᴀs. Agneau à droite, tourné à gauche, devant une longue croix ornée d'une banderolle flottante.

Sceau ogival de quarante-cinq millimètres en cire jaune, suspendu par des attaches de peau.

Appendu à l'acquisition par Durbon, d'un pré dans le terroir de Vaux, appartenant à Pierre Arnoul. Aspres, 1249.

Archives des Hautes-Alpes.

ARTICLE III. — SCEAUX DE LA COUR D'ASPRES.

Les prieurs d'Aspres exerçaient une juridiction sur ce village et son territoire : quelles étaient sa nature et ses limites; quels étaient les magistrats chargés de l'exercer? On l'ignore.

Voici le sceau de ce tribunal :

N° 67. ✠ s. curie. asperensis. Quatre coquilles de saint Jacques posées en losange.

Sceau ogival de quarante-trois millimètres en cire jaune, suspendu par une simple queue de parchemin.

Appendu à l'affranchissement d'une terre située à Aspres, quartier de *Præalia* du droit de tasque. Aspres, 1279.

Et ad majorem firmitatem hanc cartam sigillo curie de Asperis roboravi.

Archives des Hautes-Alpes.

Il existe aux mêmes archives un autre exemplaire de ce sceau suspendu à un acte de 1273, par une double queue de parchemin disposée comme dans le n° 62.

Les coquilles qui ornent le champ du sceau de la cour d'Aspres, font probablement allusion aux pèlerinages de saint Géraud.

PRIEURÉ DE LAGRAND.

Le prieuré de Lagrand (*Aragrandis*) était sous l'invocation de la sainte Vierge et de la collation de l'abbé de Cluny.

Le couvent contenait un assez grand nombre de religieux, et l'église est actuellement classée parmi les monuments historiques.

ARTICLE I. — SCEAUX DU PRIEURÉ.

N° 68. ✠ : s. ouentus. de. maria. granois. Personnage nimbé, debout de face, vêtu d'une robe à capuchon, tenant de la main droite un livre sur sa poitrine et de la gauche un objet indéterminé.

Sceau ogival de cinquante-quatre millimètres en cire jaune, suspendu par des lacs de fil tricolore.

Appendu à un échange de terres situées à la Baume et à Entraigues, entre les Templiers de Rue et le couvent de Lagrand. Rue, 1252.

Archives de Marseille.

J'ignore quel est le saint représenté sur ce sceau, sorti, du reste, des mains d'un artiste fort peu habile.

ARTICLE II. — SCEAUX DES PRIEURS.

N° 69. ✠ S P PRIORIS. SCS M ARIE. BRACANOIS. ?.
Le prieur debout de face, vêtu d'une tunique à capuchon, tenant un livre des deux mains sur sa poitrine.

Sceau ogival de quarante-huit millimètres en cire jaune, suspendu par des lacs de fil tricolore.

Appendu à un échange de terres situées à la Baume et à Entraigues, entre les Templiers de Rue et le couvent de Lagrand. Rue, 1252.

Archives de Marseille.

PRIEURÉ DE MONTMAUR.

J'ignore de quelle abbaye relevait le prieuré de Montmaur ; il était loin, du reste, d'avoir l'importance des prieurés d'Aspres et de

Lagrand. J'ai trouvé du prieuré de Montmaur les deux sceaux suivants.

HUGUES.

N° 70. .... ΟΒ ..... Le type dont il n'existe plus qu'une faible partie représentait un rameau héraldique.

Fragment de sceau ogival en cire jaune, suspendu par de simples ficelles.

Appendu à une donation par Hugues, prieur de Montmaur, au couvent de Durbon, d'un droit de pâturage au quartier de Manibour. 1234.

Archives des Hautes-Alpes.

Je n'ai pas fait graver ce fragment de sceau qui est sans intérêt et qui devait être peu différent du suivant.

ARNOUL.

N° 71. ✠ S. ΒΗΝΟΙΗΤ. ΡΗΙΟΒΙ. ΜΟΑΙΜΑΥ. Rameau héraldique dont le feuillage est symétriquement disposé.

Sceau ogival de cinquante millimètres en cire jaune, suspendu par des attaches de peau.

Appendu à une vente faite à Durbon par Guillaume et Isnard Reynier, de tout ce que leur mère et leur frère possèdent dans les limites du territoire de Durbon, près de Montmaur. 1247.

Et rogarimus Arnulphum tunc priorem Montismauris ut munimen sigilli sui apponeret huic cartulæ in memoria rei gestæ.

Archives des Hautes-Alpes.

Il existe encore deux exemplaires de ce sceau dans les mêmes archives.

DEUXIÈME PARTIE

SCEAUX CIVILS

I.

DAUPHINS DE VIENNOIS

CHAPITRE I.

CONSIDÉRATIONS HISTORIQUES.

ARTICLE I. — ÉTABLISSEMENT DU POUVOIR DES DAUPHINS DANS LE DIOCÈSE DE GAP.

La domination des Dauphins s'établit peu à peu dans le diocèse de Gap.

Le Champsaur était une de leurs plus anciennes possessions : si les traditions ne sont pas menteuses, les premiers Dauphins l'auraient conquis directement sur les Sarrasins à la fin du xe siècle; depuis, ils en furent les paisibles possesseurs.

Deux siècles après (1202), Guigues-André devint, par son mariage avec Béatrix de Claustral, fille du comte de Forcalquier, seigneur du comté de Gapençais.

Un demi-siècle plus tard (1253), les douze coseigneurs de Veynes et de son territoire se reconnurent librement et volontairement vassaux du Dauphin. Un hommage semblable fut prêté peu d'années après par Guillaume Auger, seigneur d'Oze et de sept autres terres.

Il restait encore aux Dauphins à établir leur suzeraineté sur deux seigneurs riches et puissants qui, jusque-là, avaient prétendu relever du seul empire Romain : les barons de Mévouillon et de Montauban.

Le baron Raymond de Mévouillon, dont la baronnie comprenait trente-cinq terres, parmi lesquelles celles de Serres, Arzeliers, Ayguians, Mison, Barret, Châteauneuf, Ribiers, etc., dans le diocèse de Gap, se reconnut vassal du Dauphin en 1293, à la suite d'une attaque malheureuse dirigée par lui contre l'évêque de Valence, allié de ce prince, et moyennant une somme de 6,000 livres tournois. Vingt-quatre ans après (1317), les Dauphins firent l'acquisition de la plus grande partie de cette baronnie.

Le baron de Montauban possédait également des terres considérables, parmi lesquelles la baronnie de Montmaur, et une grande partie des vallées d'Orpierre et Rosans ; les Dauphins surent exploiter habilement un différend survenu entre ces seigneurs et le comte de Toulouse, auquel ils étaient alliés depuis longtemps ; ils surent les détacher de cette alliance, reçurent leur hommage et acquirent la majeure partie de leurs terres en 1302.

Ainsi, il avait fallu trois cents ans aux comtes d'Albon pour devenir souverains de la moitié du diocèse de Gap ; le reste demeura toujours attaché aux comtes de Provence.

ARTICLE II. — DROITS EXERCÉS PAR LES DAUPHINS SUR LEURS VASSAUX DU DIOCÈSE DE GAP.

Les Dauphins prenaient les titres de ducs de Champsaur, comtes de Gapençais et seigneurs des baronnies de Mévouillon et Montauban.

La possession de ces terres par les Dauphins ne fut pas toujours exempte de troubles : dans le Gapençais, par exemple, ils furent d'abord contraints de rendre hommage aux comtes de Provence et aux évêques de Gap, pour tout ce qu'ils possédaient à Gap et dans le comté; pendant longtemps aussi, ils ne jouirent que de droits illusoires, surveillés d'un œil jaloux par leurs deux suzerains.

Ils augmentèrent peu à peu leur pouvoir à la faveur des différends qui surgirent entre la commune et l'évêque de Gap, et durèrent plus de deux siècles; appelés tour à tour par les deux partis, devenus leurs arbitres naturels, les Dauphins surent se faire payer cher leur protection; bientôt ils ne rendirent plus hommage à l'évêque, et de bons traités leur concédèrent des droits importants et les rendirent propriétaires de terres jusqu'alors communales. C'est ainsi qu'en 1267, l'évêque Othon II, par un traité passé à Corps avec le Dauphin, consentit à l'admettre au pariage dans Gap et son territoire, à condition qu'il formerait avec lui, contre ses sujets, une ligue offensive et défensive. Quatre ans après (1271), la communauté de Gap, voulant à son tour s'attirer les bonnes grâces du Dauphin et user de sa protection contre l'évêque, lui céda les droits du consulat, plusieurs terres communales et s'obligea à lui fournir, en temps de guerre, cent hommes d'armes équipés, nourris et soldés à ses frais.

Une seule circonstance empêcha les Dauphins d'établir sur le comté de Gapençais leur autorité absolue et conserva quelques libertés à la ville de Gap et quelques prérogatives à ses évêques, ce fut l'ingérence continuelle des comtes de Provence, suzerains nominaux de cette partie du Dauphiné, et adversaires naturels des Dauphins, dans les affaires de ce pays; grâce à leur intervention, de nouveaux traités vinrent restreindre le pouvoir des Dauphins, qui menaçait de tout envahir.

En dernière analyse, les droits que les Dauphins purent acquérir, conserver et exercer utilement dans leurs fiefs du diocèse de Gap, furent :

1º Celui de haute et basse justice, excepté à Gap où ce droit appartenait exclusivement à l'évêque, à Montmaur, Durbon et quelques autres lieux dans lesquels ils durent le partager avec les seigneurs;

2º Celui de percevoir des impôts et redevances féodales sur leurs terres et leurs vassaux; ce droit était limité par les droits semblables exercés par un grand nombre de seigneurs ecclésiastiques et séculiers;

3º Celui de lever des troupes; dans certaines seigneuries, en temps de guerre seulement. La ville de Gap devait fournir, comme nous l'avons vu, un contingent de cent hommes d'armes en temps de guerre, équipés à ses frais et pendant trente jours.

Les Dauphins n'ont jamais usé dans le diocèse de Gap de leur droit de battre monnaie.

ARTICLE III. — JURIDICTIONS DES DAUPHINS DANS LE DIOCÈSE DE GAP.

Les Dauphins exerçaient leur droit de justice dans leurs possessions du diocèse de Gap par quatre tribunaux différents.

Le bailli du Graisivaudan étendait sa juridiction sur le Val-Godemar, le Dévoluy et quelques autres terres.

Le Champsaur avait un juge spécial, le châtelain de Saint-Bonnet : sa juridiction comprenait le Champsaur tout entier, excepté les terres épiscopales du Noyer, de Poligny, du Glezil, etc., sur lesquelles l'évêque de Gap exerçait exclusivement le droit de justice. Les appels des jugements du châtelain de Saint-Bonnet ressortissaient de la cour de l'Embrunais et du Champsaur, siégeant à Embrun.

La justice delphinale était exercée dans le Gapençais par un bailli résidant à Serres. Humbert I, s'appuyant sur un traité de 1300, voulut transporter à Gap, en 1304, le siège de ce bailliage, mais il dut reculer devant la résistance que lui opposa l'évêque Geoffroy de Launcel, d'accord en cela avec la communauté de Gap. Le bailli de Serres avait sous sa juridiction toute la partie du diocèse de Gap située en Dauphiné et comprise entre les rivières du Buëch et de la Durance, excepté le Champsaur.

Les possessions des Dauphins au-delà du Buëch relevaient du bailli des baronnies, qui siégeait au Buis.

Les baillis du Gapençais et des baronnies avaient sous leurs ordres un certain nombre de magistrats d'un ordre inférieur, nommés Châtelains et rendant la justice au nom du Dauphin, dans un grand nombre de terres, telles qu'Upaix, Saint-Genis, Montauban, etc. La compétence du châtelain était limitée à une certaine somme (à 20 florins en 1515), il avait l'instruction des affaires criminelles et devait veiller à l'exécution des jugements.

Les baillis devaient une fois au moins dans l'année tenir des assises pour les affaires criminelles dans chacune des localités de leur ressort. Ils surveillaient également la rentrée des redevances féodales et convoquaient les contingents militaires.

Les baillis étaient à la nomination du Dauphin et essentiellement révocables; l'office de châtelain, au contraire, était souvent inféodé à une famille qui l'exerçait comme une charge héréditaire.

CHAPITRE II.

DESCRIPTION DES SCEAUX DES DAUPHINS.

ARTICLE I. — SCEAUX DES DAUPHINS.

Parmi les sceaux assez nombreux et fort intéressants des Dauphins de la troisième race, deux doivent trouver place dans ce travail, ce sont ceux de Jean II et Humbert II, sur lesquels ces princes prennent le titre de comtes du Gapençais.

JEAN II (1280-1307).

Jean, fils de la dauphine Anne et de Humbert I de la Tour, reçut en naissant le titre de comte de Gapençais et d'Embrunais, et le conserva jusqu'à la mort de son père. En 1292, Humbert I et Anne lui firent de leur vivant donation du Dauphiné et de la baronnie de la Tour, pour lui en assurer la possession après leur mort : on avait eu soin d'abord de l'émanciper. Le comte de Provence et une foule de seigneurs Dauphinois approuvèrent cette donation. Jean succéda à son père en 1307, et cessa, à cette époque, de porter le titre de comte de Gapençais ; il mourut en 1319, à l'âge de trente-huit ans.

Valbonnais a fait graver dans les planches qu'il a joint à son histoire un sceau de Jean, dont je n'ai pas retrouvé l'original. J'ai jugé inutile de faire reproduire cette gravure, qui ne doit pas être suffisamment exacte. Valbonnais n'a pas cru utile de parler de la matière et des attaches de ce sceau.

En voici la description :

N° 72. S : JEHAN : DAUFIN : CONTE : DE : GAPPANCEIS : Écu chargé d'un dauphin tourné à gauche, sous un lambel à deux pendants, cantonné de trois fleurons, dans un entourage de quatre arcs de cercle et de quatre angles alternés : les angles sont cantonnés de deux besans.

Sceau orbiculaire de trente-deux millimètres.

Appendu, d'après Valbonnais, à l'acte suivant : *Retentio Guigonis Alamandi de facto mesatici cum domibus et pertinentiis per Johannem, comitem Vapincesii.* 1306.

Valbonnais, *Histoire*, tom. 1.

Il faut remarquer, dans ce sceau, la légende qui est en français et le lambel qui sert de brisure aux armoiries des Dauphins.

HUMBERT II (1333-1349).

On sait que le dauphin Humbert II, un des princes les plus ambitieux de sa race, disait ardemment être revêtu du titre de Roi. Il ne put jamais y réussir, mais s'il ne porta pas le titre qu'il ambitionnait, il eut au moins la satisfaction d'organiser sa cour sur un pied royal et avec une somptuosité jusqu'alors inconnue. Il aimait aussi à faire parade de tous ses titres de souveraineté et le sceau suivant, sur lequel ils sont tous inscrits, en est une preuve.

N° 73. s. ꜧumꜱꞏcⰓ. ꝺꜧꝺꝺꜧ'ⰓꞏꞏⱌꞏⰓꞏ⋯⋯⋯⋯⋯ ꞈꞈⱌꞏⰓꞏꞏꞏꞏ : ꜱꜧⰓꜧꜱo ⋯⋯ ꜹꜧⰓo : ꝺꜱꜱꝺꜹ : ⱌⰓꜹ ⋯⋯⋯ ꜹoꜹ. Le Dauphin, la tête coiffée d'un casque à grillage cimé d'un dauphin et entouré d'un voile, tenant de la main droite une épée rattachée à sa ceinture par une chaîne, de la gauche un écu pointu par le bas, chargé d'un dauphin tourné à gauche, vêtu d'une longue cotte d'armes, sur un cheval galopant à droite, couvert d'une housse ornée sur la croupe et le col de deux dauphins tournés à droite; un troisième dauphin surmonte la tête du cheval; le champ est orné d'un treillissé semé d'étoiles.

ꝶ ꜱꜹ : ꝶꜹⱌꜱꜹꞏꞏꞏꞏⰓ : ⱌꜱꝶꝓꝺꜹꜱꝓⰓ : ꜹꜱꜱꜹoⱌꞏꞏꜹ : ꜹꜹ : ꜰꝓꜹꜱⰓꜹ : ꜹoⰓꜹⰓꜱ : ꝺꞏꜧⰓ : ꜱꜧꜱoꞏꜧ :⋯⋯ ⱌⱌꜧ. ꜧⱌꜹⰓꝓ. ꞈoꜹꜱꞏꞏꝓꜱ. ꞈꜹꝺⱌꜧⰓ: ꞈoⱌꜱⰓꜱꝓ (dans le champ) ⱌꝶꜹꞏꞏꞏꞏⰓ. Enceinte crénelée, percée au milieu d'une porte à plein cintre avec une herse, défendue par deux tours rondes, sur les côtés deux autres tours carrées et une ronde; à gauche pont à trois arches, à droite une petite porte; dans l'enceinte six monuments d'architecture religieuse percés de fenêtres ogivales et dont trois sont surmontés de clochers. A l'exergue, écu pointu chargé d'un dauphin, tourné à gauche et accompagné de deux dragons, dans une voûte à plein cintre surbaissée, sur laquelle on lit : ⱌⰓꜹ — ꝺꜧ.

Sceau orbiculaire de quatre-vingt-quinze millimètres en cire vermeille, suspendu par des lacs de soie rouge et verte.

Appendu à un acte relatif à la donation par Humbert II, du Dauphiné au roi de France. 1342.

Archives de l'Empire.

Ce sceau est l'un des plus beaux monuments sigillographiques connus.

Le revers surtout nous offre un des spécimens les plus intéressants du type topographique : c'est une ville tout entière du moyen âge avec ses églises, ses monuments, ses ponts, ses portes et ses fortifications.

Valbonnais a donné de ce revers, dans son Histoire, une gravure très imparfaite ; voici, d'après cet auteur, la légende complète de ce sceau qui est mutilé sur l'exemplaire des archives de l'Empire : *Sigillum Humberti Dalphini Viennensis; ducis Campisauri; principis Brianconesii; marchionis Cesanæ; Viennæ, Albonis ,Graisivodani comitis ac palatini, Viennesii* (c'est une erreur, il faut lire : *Vapincensii*), *Ebredunesii et Andriæ comitis, domini barroniarum Turris, Faucigniaci, Montisalbani, Medullionis, Montislupelli*. Humbert II portait donc, dans le diocèse de Gap, les titres de duc de Champsaur (1), comte de Gapençais et seigneur des baronnies de Mévouillon et Montauban.

ARTICLE II. — SCEAUX DES JURIDICTIONS DELPHINALES.

BAILLIAGE DU GAPENÇAIS.

Le siége du bailliage du Gapençais créé au commencement du xiiie siècle, était établi à Serres. Il y resta fixé pendant toute la durée du moyen âge, et fut transporté à Gap, en 1511 seulement.

---

(1) On lit dans l'ouvrage de M. Morin, sur les monnaies dauphinoises, que Humbert II prit le titre de duc du Champsaur d'un village du Royans : cette erreur a lieu de nous étonner de la part d'un savant tel que M. Morin.

Les sceaux du bailliage du Gapençais ne sont pas arrivés jusqu'à nous. Un acte de vente de 1280 porte encore les cordons de fil tricolore qui soutenaient un sceau, aujourd'hui détruit, de ce tribunal. Ce sceau était en cire jaune. Cet acte est conservé aux archives des Hautes-Alpes.

BAILLIAGE DES BARONNIES.

Le bailliage des Baronnies, dont le siége était au Buis, comprenait une partie du diocèse de Gap : il étendait sa juridiction sur tous les lieux situés au-delà de la rivière du Buëch, excepté sur la ville de Serres et son territoire.

La chancellerie du bailliage des Baronnies employa des bulles de plomb, sans doute à l'imitation des Mévouillon et des Montauban, anciens possesseurs de ces terres.

SCEAUX.

N° 74. ✠ SIGILL. DNI. DALPHI. UIENENCX. Le Dauphin sur un cheval caparaçonné au galop à gauche, coiffé d'un casque carré, brandissant une épée derrière lui et tenant un écu chargé d'un dauphin tourné à gauche.

℞. ✠ IN. BARONIIS. MONTIS. ALBANI. Écusson pointu chargé d'un dauphin tourné à gauche.

Bulle de plomb de trente-cinq millimètres détachée de son titre.

Appartient à M. E. Chaper, de Grenoble.

COUR DU CHAMPSAUR.

Le Champsaur, comme je l'ai dit plus haut, avait pour juge le châtelain de Saint-Bonnet; l'appel des jugements de ce magistrat inférieur était porté à la cour d'Embrun et de Champsaur.

Je n'ai découvert aucun sceau de châtelain, mais voici celui de cette cour :

N° 75. ✠ S. ~ CURIE ⁑ EBREDUNENSIS ⁑ ET ⁑ CAMPISAUR.

Dauphin dans un cercle engrelé, tourné à gauche, cantonné de deux tours avec leur avant-mur, sur sa tête une étoile, devant lui un besant. Derrière le sceau, l'empreinte d'un doigt.

Sceau orbiculaire de trente millimètres en cire rouge, suspendu par une simple queue de parchemin.

Appendu à une reconnaissance par Guigues Borelli, juge delphinal à Embrun, des droits du chapitre de Saint-Arnoul, représenté par messire Balot, chanoine, sur la terre de Saint-Laurent, en Champsaur. 1335.

<small>Archives du chapitre de Saint-Arnoul.</small>

Ce sceau est des plus intéressants au point de vue de l'art : la gravure en est fine et correcte, et la légende d'une élégance et d'une pureté remarquables.

II.

SCEAUX DES SEIGNEURS

CHAPITRE I.

COUP D'ŒIL SUR LES SCEAUX SEIGNEURIAUX.

ARTICLE I. — ANCIENNETÉ DES SCEAUX SEIGNEURIAUX.

On peut affirmer, en règle générale, que, jusqu'à la fin du xii⁰ siècle, le droit au sceau fut le privilége exclusif des plus grands personnages ; plus tard, les moindres gentilshommes et même des bourgeois et des paysans usurpèrent ce privilége, et prirent l'habitude de confirmer, par l'apposition de leur sceau, l'authenticité des actes dans lesquels ils étaient témoins ou parties. Cet abus se répandit surtout dans le nord de la France. Dans le midi, l'organisation des notaires royaux, déjà ancienne et puissante, offrait pour les actes publics une garantie suffisante d'exactitude et d'authenticité ; aussi, en général, dans nos contrées, les seigneurs de quelque importance furent-ils les seuls à user du droit au sceau.

Dans le diocèse de Gap, les sceaux seigneuriaux ne sont point rares, au XIIIe siècle, on en trouve beaucoup moins au XIVe et ils sont rares au XVe. Il faut attribuer cette décroissance à la puissance des Dauphins qui, peu à peu, grandit et absorbe l'une après l'autre les petites souverainetés environnantes. Au point de vue du nombre et au point de vue de l'art, la belle époque pour les sceaux seigneuriaux, dans nos contrées, c'est le XIIIe siècle.

ARTICLE II. — MATIÈRE, FORME, ATTACHES ET COULEUR.

Les sceaux seigneuriaux du diocèse de Gap sont fort différents des sceaux religieux, quant à la matière et à la forme.

Ils sont tous en cire; l'usage des bulles de plomb, employées non-seulement par les évêques, mais par quelques grands seigneurs des diocèses voisins, tels que les barons de Mévouillon et les Adhémar de Monteil, fut inconnu à la noblesse des Alpes.

Quant à la forme, elle varie : les plus anciens sceaux, pendant la première moitié du XIIIe siècle, sont orbiculaires ou présentent la forme, assez commune dans le midi de la France, d'un écu arrondi par le bas. Pendant les siècles suivants, la forme orbiculaire est employée exclusivement à toute autre.

Le sceau d'Arnaud Flotte (1352) est en forme de losange, celui d'Arnaud Milon (1214) est ogival : ces deux formes ont été souvent employées par les femmes, mais il n'en existe que de très rares exemples parmi les sceaux des seigneurs.

La dimension des sceaux seigneuriaux est également très variable : en règle générale, les plus anciens sont aussi les plus grands; le sceau de Guillaume de Montauban (1212) mesure cinquante-cinq millimètres, les suivants atteignent quarante-cinq, quarante, puis trente, vingt et même dix-sept millimètres. Les sceaux équestres sont plus grands que les sceaux armoriaux; le plus petit des sceaux équestres, celui de Philippe de Serre (1292), est de la même dimension que le plus grand des sceaux armoriaux, celui de Raymond de Montauban (1244); ils mesurent tous deux quarante-deux millimètres.

Les sceaux des seigneurs que j'ai pu recueillir sont suspendus, les plus anciens, par des attaches de peau blanche, et à partir du milieu du XIIIe siècle, par des cordons de fil rouge ou multicolore; les plus récents sont plaqués ou attachés aux actes par des queues de parchemin.

La cire naturelle est, sauf peu d'exceptions, la matière dont se composent les sceaux que je vais décrire : dans l'origine, elle était de couleur jaune, mais le temps a agi sur elle et lui a communiqué quelquefois une teinte brune assez foncée. Les sceaux de Guillaume de Pontis (1224) et de Pierre de Rame (1466) sont en cire verte; ce dernier est recouvert de papier.

ARTICLE III. — DU TYPE.

Les sceaux seigneuriaux se divisent quant au type en trois groupes, suivant qu'ils représentent des personnages, des armoiries ou ces deux représentations réunies.

1er GROUPE.

Le type équestre, c'est-à-dire représentant un cavalier, est celui qui se retrouve le plus fréquemment sur les sceaux à personnages de la noblesse des Alpes. Presque toujours le cavalier est armé.

Les armes sont offensives et défensives.

L'armure offensive est l'épée, généralement de moyenne grandeur et brandie par le cavalier derrière lui.

Les armes défensives sont le casque ou haume, l'écu ou bouclier, la cotte de mailles ou haubert. Le casque est toujours carré et cache la tête tout entière : il n'est jamais orné de cimier. L'écu est représenté sur quatre des sceaux que je publie, et chaque fois il est d'une forme différente. Il est en cœur sur le sceau de Guillaume de Montauban (1212), triangulaire sur celui de Galburge de Mévouillon (1259), pointu sur celui de Philippe de Serre (1292) et arrondi par le bas sur celui de Bertrand de Mévouillon (1292). Il est généralement orné d'armoiries que l'affaissement de la cire rend souvent indistinctes ; sur deux sceaux, l'écu est soutenu par une courroie qui fait le tour du cou ou des épaules du cavalier.

Le haubert ou cotte de mailles recouvrait tout le corps d'un tissu métallique très serré ; souvent le cavalier porte sur le tout la cotte d'armes, vaste robe à longs plis qui descendait jusqu'à la cheville. Osasich, seigneur d'Argenson (1239), paraît sur l'un des côtés de son sceau à double représentation, porter, au lieu de haubert, une cuirasse ciselée.

Les sceaux d'Isoard de Montauban (1239) et Bertrand de Mévouillon (1292), nous offrent des spécimens d'épaulière, pièce d'armure en forme de toit, destinée à protéger l'épaule : sur le sceau d'Isoard, elle fait saillie sous la cotte d'armes.

Le cheval est au pas ou au galop : son harnachement se compose de la bride, du poitrail qui embrasse le poitrail lui-même du cheval ; il est double sur le sceau de Philippe de Serre (1292) et absent sur celui de Guillaume de Montauban (1212); de la selle, visible sur les sceaux de Guillaume (1212) et Isoard de Montauban (1239), et, enfin, de la housse qui apparaît sur celui de Bertrand de Mévouillon (1292). Sur le sceau de Guillaume de Montauban (1212), le cheval est recouvert d'un treillis serré, qui probablement est une armure défensive.

Il nous reste à parler de deux représentations curieuses et méritant une mention spéciale.

Isoard de Montauban (1239) est représenté sur son sceau, à cheval, coiffé du casque carré, vêtu d'une longue cotte d'armes, il ramène la bride de son cheval sur sa poitrine et tient la main gauche étendue derrière lui. Je ne connais pas d'autre exemple de cette représentation qui tient le milieu entre le type équestre proprement dit et le type de chasse.

Le sceau d'Osasich (1239) est à double représentation : d'un côté, il est à cheval au galop, vêtu d'une cotte de mailles étroite et brandissant une épée; de l'autre, le cheval est au pas et le cavalier, couvert d'une armure ciselée, paraît tenir son épée appuyée contre son épaule droite.

Il existe un seul exemple d'un type à peu près semblable, c'est le sceau d'Hervé de Dancy (1120), conservé aux archives de l'Empire.

Le sceau d'Arnaud Milon (1214) forme à lui seul une catégorie à part : ce seigneur y est représenté à mi-corps, coiffé d'un casque plat ou d'une couronne, tenant de la main droite son épée haute et tenant la main gauche levée comme s'il voulait bénir. Je ne connais pas d'exemple de ce type.

2me GROUPE.

Les sceaux armoriaux commencent à paraître à la fin du xii° siècle, ceux que nous avons à décrire ne remontent pas au-delà du xiii°.

Tantôt les armoiries remplissent tout le champ du sceau quelle que soit sa forme, tantôt elles sont gravées sur des écus.

Sur les sceaux les plus anciens, tels que ceux de Roland de Manteyer (1251), Guillaume, Isoard et Raymond de Montauban (1212-1239-1247), Béatrix de Mévouillon (1267), etc., les armoiries occupent le champ du sceau et ont, par conséquent, comme le sceau lui-même, une forme orbiculaire ou d'écu arrondi par le bas. Dès la fin du xiiie siècle, les armoiries sont représentées sur des écus quelquefois arrondis par le bas, mais le plus souvent pointus; presque immédiatement, ils sont environnés de rainceaux, de fleurons ou contenus dans d'élégants entourages composés d'angles, d'arcs de cercle ou de ces deux éléments combinés. Au xvie siècle, l'écu pointu fait place à l'écu moderne, dont la partie inférieure est arrondie sur les côtés et pointue au milieu.

Les écussons sont souvent, surtout dans le nord de la France, timbrés de casques ou de couronnes, ornés de cimiers, de lambrequins ou de supports : la sigillographie seigneuriale du diocèse de Gap n'offre aucun exemple d'ornements de cette nature.

3er GROUPE.

Les sceaux qui composent ce troisième groupe sont à deux faces, la première est équestre, la seconde armoriale.

Nous en avons deux exemples seulement, tous deux de la première moitié du xiiie siècle : ce sont les sceaux de Guillaume de Montauban (1212) et d'Isoard, son fils (1239); le premier est orbiculaire, le second est de forme d'un écu arrondi.

ARTICLE IV. — DES LÉGENDES.

Jusqu'au XVIe siècle, les légendes des sceaux seigneuriaux commencent toutes par le mot *Sigillum* ou les premières lettres de ce mot.

Le nom du seigneur est quelquefois accompagné de celui d'un fief et quelquefois seul.

Le sceau à double représentation d'Osasich (1239) porte, sur chacune de ses faces, la légende : SIGILLUM. DE. HOZASECHA.

Quelquefois le nom est précédé du mot *domini*, comme sur le sceau de Guillaume de Moustiers : s. dni. guilmi' de. mustcerixs (1292). D'autres fois, il est suivi d'un titre de chevalerie : s. g. d. mostcerixs. mixitaxs (1290), mais le plus souvent du nom d'un fief, comme s. hanauoi. huoce. dni. de. auge. (1292) ou s. is. d'agoico. dni. sgornoni. (1292).

Le sceau d'Antoine de Clermont, du XVIe siècle, porte seulement le nom de ce seigneur sans être précédé ou suivi d'aucun titre.

La légende la plus singulière de toutes celles que nous aurons à décrire, est celle en forme d'apostrophe qui se lit sur le sceau équestre de Philippe de Serre : phinippeum. cerne. dominum. cerre. que. ualerne. *Vois, Philippe, seigneur de Serre et de Valerne.* Il faut remarquer que ces mots constituent une sorte de vers léonin.

Les légendes les plus anciennes des sceaux seigneuriaux sont comme celles des sceaux ecclésiastiques en capitales romaines : cette écriture reste pure jusqu'à la fin du premier tiers du XIIIe siècle ; le sceau d'Osasich (1239) est encore sans mélange d'onciale. La lettre onciale, qui fait son apparition vers cette époque, compose exclusivement les légendes jusqu'au XVIe siècle, où nous voyons apparaître la capitale de la renaissance.

CHAPTRE II.

DESCRIPTION DES SCEAUX SEIGNEURIAUX.

ARGENSON.

Les seigneurs d'Argenson portaient, dès le xiie siècle, le nom d'Osasica, qui s'écrit quelquefois Hozaseca ou Hosasecha et qui a été traduit par Osasich ou Osseche. Ils avaient probablement des liens de parenté avec les Flotte, qui portaient souvent le prénom d'Osasica.

Cette maison s'éteignit en 1497, par Guillaume qui entra dans les ordres.

SCEAUX.

OSASICH (1239).

N° 76. . . . . DE. HOZ...ECH... Le seigneur sur un cheval au pas à gauche, couvert d'une cuirasse ciselée et la main droite appuyée contre la hanche.

ṁ..... VM. DE. HOZ...... Le seigneur sur un cheval au galop à gauche, vêtu d'un haubert et brandissant l'épée derrière lui.

Fragment brisé en deux parties de sceau orbiculaire en cire jaune, suspendu par des attaches de peau.

Appendu à la donation à la chartreuse de Durbon par Isoard, fils de Guillaume de Montauban, de tous ses biens situés sur le territoire de Vaux, moyennant le prix de trente livres. 1239.

Et ad majorem firmitatem rogavi..... dictum Osasecha ut sigilla sua apponeret huic carte.

Archives des Hautes-Alpes.

Ce sceau, malheureusement en fort mauvais état, est des plus intéressants : je me suis expliqué à cet égard dans plusieurs passages du chapitre précédent. Du reste, la gravure est très barbare et sans intérêt au point de vue de l'art.

BARRET.

La seigneurie de Barret était la propriété des barons de Mévouillon. Cette noble famille qui possédait de tout temps un grand nombre de terres dans le diocèse de Gap, reçut de l'empereur Frédéric, en 1166, l'investiture des droits régaliens. Les Mévouillon prêtèrent pour la première fois hommage aux Dauphins en 1293, et leur cédèrent la plus grande partie de leur baronnie en 1317.

La branche des Mévouillon qui possédait Barret, s'éteignit vers la fin du XIIIe siècle, par le mariage de Garrende, fille de Raymond de Mévouillon, avec Bertrand de Calme, qui prit le nom et les armes des Mévouillon. Cette seconde race s'éteignit à son tour vers 1466, par le mariage de la fille de Guillaume, dernier des Mévouillon-Calme, avec Aymar de Grolée, baron de Bressieu.

Les Mévouillon portaient *de gueules chappé d'hermine*.

SCEAUX.

BERTRAND (1292).

N° 77. ✠ S. BERTRAND : DE : MEOUILLONE. DE. CALMA.
Le seigneur coiffé d'un casque carré, revêtu d'un haubert à épaulière, brandissant une épée et portant un écu arrondi par le bas et soutenu par des courroies, sur un cheval au galop à gauche, recouvert d'une housse rayée.

Sceau orbiculaire de quarante-trois millimètres en cire jaune, suspendu par des cordons de fil rouge.

Appendu à la donation du Dauphiné, par la dauphine Anne à son fils Jean. 1292.

Dans le corps de l'acte, Bertrand de Mévouillon est nommé: *Beltrandeto, domino Bareti*.

Archives de l'Empire.

LA BAUME.

Les seigneurs de Montbrand et la Baume étaient probablement de la même famille que les Auger, seigneurs de la vallée d'Ose.

En effet, nous voyons, en 1235, Guillaume Auger, seigneur de la

Baume et Montbrand, donner à son frère Roger, prieur d'Aspres, la seigneurie de Montbrand et la moitié de celle de la Baume. Cette famille s'éteignit en 1380 et se confondit avec celle d'Arzeliers.

A cette époque, les de Flotte devinrent seigneurs de la Baume, qui prit d'eux le nom de la Baume-des-Arnauds.

SCEAUX.

LAMBERT (1321).

N° 78. ✠ . S. LAMBERT. D. MONBRAN. Écu arrondi par le bas et entouré de fleurons : le type de l'écu presque effacé paraît avoir été une épée en bande.

Sceau orbiculaire de vingt-un millimètres en cire jaune, suspendu par une simple queue de parchemin.

Appendu à la confirmation, par Lambert de Montbrand, seigneur de la Baume, en sa qualité d'héritier, d'une donation testamentaire faite par Chatelaine, femme de Girard Malior. 1321.

Cum appositione sigilli in testimonium veritatis.

Archives des Hautes-Alpes.

La légende de ce sceau est en français, fait assez rare dans le midi de la France.

MANTEYER.

Le fief de Manteyer appartenait dès l'origine à la famille de ce nom. En 1057, nous voyons déjà un Ricard, seigneur de Manteyer, paraître comme témoin dans une donation faite par Bertrand, comte de Forcalquier.

Cette famille s'éteignit à la fin du xiiie siècle, et le fief de Manteyer devint la propriété des Auger, seigneurs d'Ose.

Au xve siècle, Manteyer passa dans la maison de Vorey, et aux xviie et xviiie, dans celle des Du Faur, marquis de Montlaur.

Les évêques de Gap avaient le haut domaine de la terre de Manteyer; ils y exerçaient leur droit de justice et les seigneurs lui en rendaient hommage.

Les armoiries de Manteyer étaient un *émanché de cinq pièces à une fasce haussée*.

SCEAUX.

ROLLAND (1251).

N° 79. ✠ S : ROLLANDUS : DE : MANTOXERR. Champ rempli d'un émanché à la fasce haussée.

Sceau en forme d'écu arrondi par le bas, de trente-deux millimètres.

Appendu, d'après Valbonnais, à l'acte suivant : *Sententia lata per Rollandum de Manteyer, tamquam arbitrum inter Guigonem, Delphinum, et Raymundum de Medullione super dominium castrorum de Spina*. 1251.

Valbonnais, *Histoire*, t. Ier.

Je n'ai pas fait graver ce sceau ; il ne nous est connu que par une gravure médiocre insérée par Valbonnais dans les planches de son *Histoire*.

MISON.

Le fief de Mison avait appartenu jadis aux vicomtes de Gap. Il passa ensuite dans la famille de Mévouillon. Il fut vendu en 1263, par Béatrix de Mévouillon, à Charles d'Anjou, comte de Provence. Ce prince, après l'avoir acheté, l'inféoda probablement de nouveau à quelque membre de la famille de Mévouillon, car ces barons étaient encore seigneurs de Mison au commencement du xive siècle.

Sur le sceau que nous allons décrire, Béatrix de Mévouillon a pour armoiries un château à trois tours; cependant, les armoiries bien connues des Mévouillon étaient *de gueules chappé d'hermine*.

Mison fait partie actuellement du département des Basses-Alpes.

SCEAUX.

BÉATRIX (1263).

N° 80. .... ✠ BEATRIXIS : DOMINE : MISONI ... Château à trois tours celle du milieu plus haute que les autres, surmontées de trois tourelles, et percées de deux fenêtres; au bas une porte à plein cintre.

Sceau orbiculaire de quarante-deux millimètres en cire jaune, suspendu par des lacs de soie jaune et rouge.

Appendu à la vente par Béatrix de Mévouillon à Charles I d'Anjou, comte de Provence, de la terre de Mison, au prix de trente mille sols viennois. Mison, 1263.

Archives de Marseille.

MONTMAUR.

La baronnie de Montmaur était la quatrième du Dauphiné, et ses seigneurs avaient le titre héréditaire de grands veneurs du Dauphin.

Les Montauban, possesseurs de la baronnie de ce nom, en furent les premiers seigneurs.

Cette première race, suivant Guy Allard, s'éteignit en 1310, dans la personne de Raymond; Guillaume Artaud, fils de Mabille de Montauban, sœur du dernier seigneur et de Guillaume Artaud, seigneur d'Aix et Bellegarde, lui succéda en prenant le nom et les armes des Montauban. Ce récit doit évidemment contenir une erreur considérable : dès 1212, Guillaume, baron de Montmaur, porte dans les actes publics le nom d'*Arthaudi de Monte-Albano*, il en est de même de ses successeurs Isoard (1239), Raymond (1247) et Reynaud (1287).

Cette deuxième race s'éteignit en 1434, en la personne de Raymond Artaud de Montauban; sa sœur Marguerite épousa Sochon de Flotte, seigneur de la Roche, qui commença la troisième, celle des de Flotte-Montauban.

Au XVIIe siècle, la baronnie de Montmaur fut acquise par les d'Agout.

Les Montauban prêtèrent hommage au Dauphin en 1269, pour cette baronnie.

Le château de Montmaur est l'un des monuments les plus remarquables et les mieux conservés du département des Hautes-Alpes.

Les Montauban portaient *d'azur aux trois châteaux à trois tours d'or, maçonnés de sable*.

SCEAUX.

GUILLAUME (1212-1230).

N° 81. ✠ SIGILLVM. VILLEL....... BANO... Le seigneur galopant à droite sur un cheval, dont le ventre est couvert d'une armure treillissée, coiffé d'un casque carré à mentonnières, brandissant une épée et portant un écu en cœur sur lequel sont des armoiries effacées.

℞. Trois châteaux à trois tours crénelées : celle du milieu, plus haute que les autres, est percée de deux fenêtres, les deux autres d'une seule, au bas une porte à plein cintre. Les trois châteaux sont posés 2 et 1.

Sceau orbiculaire de cinquante-cinq millimètres, en cire jaune, suspendu par des lacs de soie blanche et rouge.

Appendu à la donation, par Guillaume Artaud de Montauban à la chartreuse de Durbon, d'un pâturage entre Montmaur et la Roche. 1230.

Archives des Hautes-Alpes.

On conserve aux mêmes archives un autre exemplaire de ce sceau, suspendu à un acte de 1212 par des attaches de peau.

Les châteaux représentés au revers de ce sceau nous offrent un spécimen intéressant de l'architecture militaire au XIII siècle.

ISOARD (1239-1243).

N° 82. ✠ SIGILLVM. ISOARDI. DN..... Trois châteaux à trois

tours, celle du milieu plus haute que les autres; au-dessous une porte à plein cintre. Les châteaux sont posés 2 et 1.

℞. ...... NA..... OT..O.IS. Le seigneur sur un cheval au pas à gauche, coiffé d'un casque carré, vêtu d'une longue cotte d'armes, sous laquelle fait saillie l'épaulière, levant la main gauche et tenant la bride de son cheval sur sa poitrine de la main droite.

Sceau en forme d'écu arrondi par le bas de cinquante-trois millimètres, en cire jaune, suspendu par des attaches de peau.

Appendu à une approbation par Isoard Artaud de Montauban, d'une vente faite à la chartreuse de Durbon par Guillaume, son père. 1239.

Ut autem omnia ista firma sint in perpetuum, ego Ysoardus presentem cartam sigillo meo sigillavi.

Archives des Hautes-Alpes.

La légende incomplète de ce sceau peut, je crois, être restituée de la manière suivante : SIGILLVM. ISOARDI. DNI. *moNAlbanis et moTimoris.*

Il existe aux mêmes archives deux autres sceaux semblables à celui-ci : l'un et l'autre sont suspendus à des actes de 1243, le premier par des attaches de peau, le second par des cordons de fil mi-partie blanc et jaune.

J'ai déjà parlé, dans le chapitre précédent, de ce singulier type équestre qui tient le milieu entre le type de chasse et celui de combat, et offre ceci de particulier que le cavalier ne porte aucune arme offensive.

RAYMOND (1244-1256).

N° 83. ✠ s'. raymundi. de. montealbano. Trois châteaux à trois tours crénelées, celle du milieu plus haute que les autres; au-dessous une porte à plein cintre. Les châteaux sont placés 2 et 1.

Sceau en forme d'écu arrondi par le bas, de quarante-deux millimètres, en cire jaune, suspendu par des attaches de peau.

Appendu à une vente par Guillaume et Isnard Reynier à la chartreuse de Durbon, de tout ce qu'ils possèdent dans le territoire de ce couvent. 1247.

Ego dn̄s. Raymundus de Monte-Albano, filius d̄ni. Ysoardi, presentem cartam sigillo meo roboravi.

Archives des Hautes-Alpes.

Il existe aux mêmes archives deux autres exemplaires de ce sceau, suspendus à des actes de 1244 et 1248 par des lacets de cuir.

N° 84. ✠ sxo.......... o. Trois châteaux à trois tours, celle du milieu, plus haute que les autres, est crénelée, au-dessous une porte à plein cintre. Les châteaux sont placés 2 et 1.

Fragment de sceau orbiculaire, en cire jaune, suspendu par des cordons ronds de fil tricolore.

Appendu à une confirmation, par Bruno de Montmaur, de la donation faite par lui à la chartreuse de Durbon, de différentes terres situées sur le territoire de Vaux. 1256.

Ego rogavi..... nobilem virum R. de Monte-Albano ut sigilla sua apponet huic carte in testimonium rei gestæ.

Archives des Hautes-Alpes.

Je n'ai pas fait graver ce fragment de sceau trop peu considérable.

REYNAUD (1287-1292).

N° 85. (La légende de ce sceau est détruite.) Écu pointu chargé de trois châteaux à trois tours crénelées, celle du milieu plus haute que les autres, au-dessous une porte à plein cintre : les châteaux sont posés 2 et 1. L'écu est contenu dans une étoile à huit angles cantonnés chacun d'un fleuron.

Sceau orbiculaire, en cire jaune, suspendu par une simple queue de parchemin.

Appendu à un accord entre Reynaud de Montauban et la chartreuse de Durbon, au sujet de certains droits de pâturage indivis entre eux, sur le territoire d'Aignelles. 1287.

In cujus testimonium et firmitatem presentes litteras sigilli mei roborari communivi in testimonium presentibus omnibus et singulis.

Archives des Hautes-Alpes.

N° 86. ✠ : S : REX DAUDI : DE MONTEAURANO. Écu pointu chargé de trois châteaux à trois tours crénelées, celle du milieu plus haute que les autres, au-dessous une porte à plein cintre : les châteaux sont posés 2 et 1. L'écu est contenu dans un encadrement composé alternativement de deux hémicycles doubles et de deux angles ornés de franges ; autour de l'écu des fleurons et des fleurs de lys.

Sceau orbiculaire de trente-deux millimètres, en cire jaune, suspendu par des cordons de fil rouge.

Appendu à la donation du Dauphiné par la dauphine Anne à son fils Jean. 1292.

Archives de l'Empire.

OSE.

La seigneurie d'Ose comprenait neuf terres : Ose, Saint-Auban-d'Ose, le Saix, Chabestan, le Désert, Châteauneuf, la Tour de Champroze, Velolonne, la Bastie de Veras ; les Auger en étaient seigneurs dès l'origine de la féodalité. Leur nom est déjà cité dans des actes de l'an 1150.

Ils possédaient également dans le Rozanais les terres du Sorbier, de Moydans et de Montmorin.

Ils se reconnurent vassaux des Dauphins dans le cours du XIIIe siècle.

La famille des Auger s'est éteinte en 1550.

Ils portaient : *de... au lion de.....*

SCEAUX.

GUILLAUME (1292).

N° 87. ✠ S'. ᴳᵁᴵᴸᴸ.. ᴬᵁᴳᴱᴿᴵᴵ. ᴰᴺᴵ. ᴅ'ᴼˢᴱ. Ecu pointu chargé d'un lion à gauche, dans un entourage de rinceaux.

Sceau orbiculaire de vingt-cinq millimètres, en cire jaune, suspendu par des cordons de fil rouge.

Appendu à la donation du Dauphiné par la dauphine Anne à son fils Jean. 1292.

Archives de l'Empire.

LE POËT.

Le dauphin Humbert II inféoda en 1339 la seigneurie du Poët à Raymond de Baux, prince d'Orange : cet acte fut confirmé en 1379. Au commencement du xve siècle elle fut acquise par la famille de Rame. Cette famille était fort ancienne dans les Alpes, elle possédait un grand nombre de terres dans le diocèse d'Embrun, et tirait son nom de la ville de Rama, ancienne station romaine, aujourd'hui submergée par la Durance et située entre Embrun et Guillestre.

Les Rame portaient : *d'argent au lion de sable, armé et lampassé de gueules.*

SCEAUX.

PIERRE (1466).

N° 88. ✠ ɐ. ʀɑʀʀ. ʀ............ ʀɑʀ. Ecu pointu chargé d'un lion à gauche, dans un encadrement composé de quatre arcs de cercle et de quatre angles alternés.

Sceau orbiculaire de dix-sept millimètres, en cire verte recouverte de papier, suspendu par une simple queue de parchemin.

Appendu à un acte en français, portant échange entre le sieur Pierre de Rame et le sieur Pierre de la Villette, de certaines terres situées dans le terroir de Veynes. 1466.

Archives des Hautes-Alpes.

La légende de ce sceau peut se compléter ainsi : S. PETR. A. *Rama.
arm*IGER.

La famille de la Villette possédait une grande partie de la seigneurie de Veynes.

PONTIS.

La famille de Pontis était originaire du diocèse d'Embrun, où un village actuellement situé dans les Basses-Alpes portait son nom. Elle fit l'acquisition d'une partie de la seigneurie de Veynes et de plusieurs terres dans son territoire. Une colline située près de Veynes, au-delà de la rivière du Buëch, a conservé jusqu'à nos jours le nom de cette famille.

Les armoiries des Pontis étaient dans l'origine un pont à trois arches, plus tard on y ajouta trois roses et on les blasonna ainsi : *d'azur au pont à trois arches d'or, maçonné de sable, accompagné en chef de trois roses d'argent.*

SCEAUX.

GUILLAUME (1234).

N° 89. ✠ SIGI... ....ISIO. On ne voit que la partie supérieure d'un pont, le reste est détruit.

Fragment de sceau orbiculaire, en cire verte, suspendu par des cordons de fil bleu, blanc et rouge.

Appendu à une donation faite à la chartreuse de Durbon, par Guillaume de Pontis, de tous les droits de pâturage et autres qu'il exerce sur le territoire de la Cluse et les environs. 1234.

Archives des Hautes-Alpes.

La légende mutilée de ce sceau doit se compléter ainsi : SIGI*llum Guillelmi de Pont*ISIO. Je n'ai pas fait graver ce faible fragment.

LA ROCHE DES ARNAUDS.

Dès l'an 1080 Henri Flotte était seigneur de La Roche, qui prit le nom de La Roche-des-Arnauds du prénom que portaient presque tous les membres de la famille de Flotte. Cette seigneurie est restée dans cette maison jusqu'en 1789. Les Flotte étaient en outre seigneurs de La Baume, de La Bastie-Mont-Saléon, de Saint-Pierre-d'Argenson, de Saint-Martin-d'Argenson, de la Gardette, de Montclus, de Jarjayes, etc. Ils devinrent au xve siècle barons de Montmaur.

Les de Flotte étaient originaires de la ville de Crest, qui s'est appelée longtemps Crest-des-Arnauds.

Ils portaient : *losangé d'argent et de gueules au chef d'or.*

SCEAUX.

ARNAUD MILON (1214).

N° 90.......ARN..... Le seigneur à mi-corps de face, coiffé d'un casque plat, levant la main droite et tenant de la gauche une épée haute.

Fragment de sceau ogival, en cire jaune, suspendu par de simples ficelles.

Appendu à une donation à la chartreuse de Durbon par Arnaud Milon de la Roche *(Arnaldus Milo de Rupe)* d'une forêt à la Cluze, en compensation de violences exercées par lui contre ce couvent. Cet acte, sans date dans l'original, est classé dans le cartulaire de Durbon à l'année 1214.

Archives des Hautes-Alpes.

Rien sur ce sceau n'indique qu'Arnaud Milon fît partie de la famille de Flotte, je crois cependant devoir le placer parmi ceux des seigneurs de la Roche; en voici la raison :

Les Flotte étaient seigneurs souverains de la Roche, ils ne partageaient la propriété de cette terre avec aucun coseigneur; or la teneur de l'acte auquel est appendu le sceau d'Arnaud Milon, indique que ce personnage jouissait d'une certaine puissance et avait sous ses ordres un certain nombre de gens armés, il devait donc faire partie de cette famille. Son prénom d'Arnaud, porté par presque tous les membres de la famille des seigneurs de la Roche, est encore une preuve que mon opinion n'est pas dénuée de fondement. Arnaud Milon devait être un cadet ou un bâtard de la famille de Flotte.

ARNAUD (1292).

N° 91. ✠ S. ARNAU.. KNOTIS. DNI. DE. RUPE. Écu des de Flotte arrondi par le bas, dans une étoile double à huit angles, cantonnés d'autant de fleurons.

Sceau orbiculaire de trente millimètres, en cire jaune, suspendu par des cordons de fil rouge.

Appendu à la donation du Dauphiné par la dauphine Anne à son fils Jean. 1292.

Archives de l'Empire.

ARNAUD (1352).

N° 92. ✠ S : ARNAUDI. FLO............ OR : Le champ chargé d'un losangé au chef de sable (?).

Fragment de sceau en losange de dix-huit millimètres environ, en cire jaune, suspendu par une simple queue de parchemin.

Appendu à une reconnaissance par Arnaud Flotte, seigneur de la Roche-des-Arnauds (*Rupis Arnaudorum*), que lui ni ses successeurs n'ont aucun droit sur les pâturages de Berthaud, appartenant à la chartreuse de ce nom. *Datum Rupi Arnaudorum* 1352.

In cujus testimonium sigillum nostrum impendens perpetuum diximus apponendum.

Archives des Hautes-Alpes.

La légende de ce sceau doit être complétée de la manière suivante : S. ARNAVDI. FLO*ta* d̄n̄i. *Rupis.* .*1rnaud*OR.

SAVOURNON.

La famille d'Agout était d'origine provençale; cependant elle possédait des terres nombreuses dans le Dauphiné et dans le diocèse de Gap spécialement, celles de Savournon, Curban, Saint-Genis, Montrond et plus tard Montmaur.

Les d'Agout prétendaient être venus d'Allemagne en Provence en l'année 1004. La branche de cette famille qui possédait la terre de Savournon s'éteignit au xve siècle, et la fille du dernier des d'Agout de Savournon épousa un de Morges.

Les d'Agout portaient : *d'or au loup ravissant d'azur.*

SCEAUX.

ISNARD (1292)

N° 93. ✠ S'. XS. DXGOXXO. DNX. SXOBNONX. Loup ravissant à gauche dans le champ : autour de sa tête une banderolle (?).

Sceau orbiculaire de trente millimètres, en cire jaune, suspendu par des cordons de fil rouge.

Appendu à la donation du Dauphiné par la dauphine Anne à son fils Jean. 1292.

<small>Archives de l'Empire.</small>

La banderolle qui semble entourer la tête du loup sur ce sceau n'est peut-être qu'un défaut de la cire.

SERRES.

La seigneurie de Serres faisait partie de la baronnie de Mévouillon. Bertrand de Mévouillon s'intitulait en 1282 seigneur de Serres et

Mison. Galburge de Mévouillon, sœur de Raymond, évêque de Gap, était propriétaire de cette seigneurie en 1258 ; elle fut troublée dans sa possession et eut recours au Dauphin, qui promit de la secourir sous la condition de lui choisir lui-même un mari parmi ses vassaux.

Les Adhémar de Monteil devinrent à la suite de ce traité seigneurs de Serres par le mariage de Lambert Adhémar avec Galburge de Mévouillon.

Serres fut choisi, après l'hommage prêté et la vente faite en 1293 et 1317 par Raymond, baron de Mévouillon, pour être le siége du bailliage delphinal du Gapençais.

Les Mévouillon, comme nous l'avons déjà dit, portaient : *de gueules chappé d'hermine.*

SCEAUX.

GALBURGE (1259).

N° 94. ✠ s. domini..... xisuroia... ara. Galburge sur un cheval au galop, à droite, coiffée d'un casque carré, brandissant une épée et tenant un écu triangulaire.

Sceau orbiculaire de quarante-sept millimètres.

Appendu à l'acte suivant d'après Valbonnais :

Pacta quibus Dalphinus se obligat juvare Galburgiam ad recuperandum castrum de Serris ac ipsam in matrimonium collocare cum domino de Turone. 1259.

Ce sceau intéressant nous est connu seulement par un dessin inséré par Valbonnais dans les planches de son *Histoire.* Il nous offre l'exemple peut-être unique d'une princesse à cheval, et portant un costume viril.

PHILIPPE (1292).

Le sceau suivant appartient nécessairement au Dauphiné à cause de la nature de l'acte auquel il est suspendu : Philippe se qualifie sur ce monument de seigneur de Serres et de Valerne ; or il existe dans le diocèse de Gap deux bourgs de ce nom, Serres dans les baronnies, et Valerne en Provence, aujourd'hui dans les Basses-Alpes. D'un autre côté, les armes de Philippe sont fort différentes de celles des Mévouillon et il existe une autre ville de Serres dans le Dauphiné (Drôme). Peut-être Philippe était-il l'un des successeurs de Galburge et de Lambert-Adhémar.

Les armoiries représentées sur son bouclier ont quelques rapports avec ceux de la noble famille des Adhémar de Monteil, qui portait : *bandé d'azur et d'argent.*

Je décris et fais graver ce sceau sous toutes réserves.

N° 95. ✠ ҀѨӀӀӀӀꝚӘꙊ. ꙦꙎꙂꙄꙊꙂ (*sic*) ꝒӀꙖ.. ꙦꙂꙖꙖꙖꙊ. ꙊꙂꙊ.... ꙖꙊꙂ. Le seigneur, sur un cheval orné d'un double poitrail, au galop à droite, coiffé d'un casque carré, brandissant une épée, vêtu d'une longue cotte d'armes et portant, suspendu autour du cou par une courroie, un écu pointu chargé d'une bande.

Sceau orbiculaire de quarante-deux millimètres, en cire jaune, suspendu par des cordons de fil rouge.

Appendu à la donation du Dauphiné par la dauphine Anne à son fils Jean. 1292.

Archives de l'Empire.

Ce sceau, dont j'ai parlé déjà dans le chapitre précédent, est l'un des mieux gravés de la série des sceaux seigneuriaux.

TALLARD.

ARTICLE I. — SCEAUX DES SEIGNEURS.

La vicomté de Tallard appartenait dès le xie siècle aux princes d'Orange, qui la cédèrent en 1213 aux chevaliers de Saint-Jean de Jérusalem. Ces nouveaux seigneurs l'échangèrent environ un siècle après (1326) contre le comté d'Alife en Sicile, avec Arnaud de Trians, neveu du pape Jean XXII, et maréchal de son palais.

Anne de Trians, petite-fille d'Arnaud, porta le fief de Tallard dans la famille de Clermont, par son mariage avec Antoine de Clermont, célébré en 1439.

La famille de Clermont posséda ce fief pendant plus de cent cinquante ans ; le vieux château de Tallard fut reconstruit par les soins de Bernadin et d'Antoine, qui n'épargnèrent rien pour en faire une splendide demeure. Antoine de Clermont était beau-frère de Diane de Poitiers et gouverneur du Dauphiné.

Peu de temps après, la seigneurie de Tonnerre ayant été érigée en duché-pairie, Charles de Clermont se décida, en 1605, à vendre Tallard à Etienne de Bonne d'Auriac, cousin de Lesdiguières. Vers le milieu du xviie siècle, Catherine de Bonne apporta la vicomté de Tallard en dot à Roger d'Hostun, seigneur de la Baume. Camille leur fils fut fait duc et pair, et la vicomté de Tallard élevée au rang de duché-pairie en 1712.

La vicomté de Tallard comprenait les terres de Tallard, Pellautier, Neffes, la Saulce, Lardier, Valença, Fouillouse, Aups, et même une partie de celle de Remollon.

Les Clermont portaient : *de gueules aux deux clefs d'or en sautoir.*

Les de Bonne portaient : *de gueules au lion d'or, au chef cousu d'azur chargé de trois roses d'argent.*

SCEAUX.

ANTOINE II (1498-1574?).

N° 96. ✠ ANTHOINE. DE. CLERMONT. Écu chargé de deux clefs en sautoir et accosté de trois fleurons.

Sceau orbiculaire de vingt-huit millimètres.

Publié dans le Bulletin de la société de sphragistique (janvier 1853) par M. Le Maistre. L'original est entre les mains de M. le marquis de Clermont-Tonnerre de Toury.

ALEXANDRE DE BONNE (1636-1650).

N° 97. Ecusson des de Bonne, timbré d'une couronne de comte et entouré de deux palmes croisées.

Sceau ovale de trente-cinq millimètres, en papier sur cire rouge.

Appliqué à un acte par lequel Alexandre, comte d'Auriac et de

Tallard, conseiller du roi en son conseil d'État et privé, lieutenant général du gouvernement de la ville de Lyon et pays de Lyonnais, Forez et Baujolais, et maréchal de camp des armées de Sa Majesté, prie ceux qui sont à prier et ordonne ceux qui sont à ordonner de laisser passer librement cinq mulets appartenant au sieur Jaquemet de Tallard. *Fait à Tallard, per nostre passage allant à l'armée d'Ytallye. 17 mai 1636.*
Ma collection.

ARTICLE II. — SCEAUX DE LA JURIDICTION.

La vicomté de Tallard fit partie de la Provence jusqu'en 1513 : à cette époque Bernadin demanda l'annexion de cette seigneurie au Dauphiné. Louis XII accéda facilement à cette demande, et il fut décidé que les appels de la cour de Tallard seraient portés directement au parlement de Grenoble sans passer par les juridictions intermédiaires. Cet état de choses fut maintenu jusqu'à la Révolution française.

SCEAUX.

N° 98. (La légende de ce sceau est détruite.)
Écu chargé de deux clefs en sautoir, timbré d'une couronne comtale.
Sceau orbiculaire de trente millimètres, en papier appliqué sur pâte rouge.
Plaqué a l'ordre d'exécuter une saisie pour le compte du chapitre

de Gap, donné par Eynard Gaucher, juge ordinaire de la vicomté de Tallard. 1553.

Archives du chapitre de Saint-Arnoul.

N° 99. Écusson ovale des d'Hostun posé sur deux bâtons de maréchal en sautoir, timbré d'une couronne ducale et entouré du collier des ordres, le tout posé sur le manteau ducal.

Sceau orbiculaire en cire d'Espagne rouge, de vingt-trois millimètres.

Appliqué à un certificat donné par maître Nas de Romane, juge de la vicomté de Tallard, attestant que maître Laurent Borel est notaire royal à ce siége. *Nous avons fait apposer le scel des armes de la jurisdiction.* Tallard, 1772.

Ma collection.

VENTAVON.

La famille de Moustiers possédait la seigneurie de Ventavon dès l'origine de la féodalité; ils paraissent déjà dans des actes importants au commencement du xiie siècle. Cette race s'éteignit au xve siècle dans la personne de Suzanne de Moustiers, qui épousa Jacques de Morges et porta la terre de Ventavon dans cette nouvelle famille, qui la conserva jusqu'au xviiie siècle.

Les Moustiers portaient : *d'azur au lion d'or.*

SCEAUX.

GUILLAUME (1290-1292).

N° 100. ✠ s : o᾽ : d᾽mostiers : mixtrxe. Écu arrondi et chargé d'un lion tourné à droite.

Sceau orbiculaire de trente millimètres, en cire jaune, suspendu par des cordons de fil rond bleu, blanc et rouge.

Appendu à un échange de deux terres à Ventavon entre Guillaume de Moustiers et la chartreuse de Berthaud. 1290.

Archives des Hautes-Alpes.

N° 101. ✠ : s : dnx : suxn᾽nx : de : mustiers : Écu pointu chargé d'un lion tourné à gauche, dans une bordure de six hémicycles, accostés de fleurons et de rinceaux.

Sceau orbiculaire de trente-deux millimètres, en cire jaune, suspendu par des cordons de fil rouge.

Appendu à la donation du Dauphiné par la dauphine Anne à son fils Jean. 1292.

Archives de l'Empire.

Il est à remarquer que sur ces deux sceaux les armoiries ne sont point identiques; l'un des lions est tourné à droite, l'autre à gauche.

III.

VILLE DE GAP

CHAPITRE I.

CONSIDÉRATIONS HISTORIQUES.

La ville de Gap est nommée *Vapincum* dans l'Itinéraire d'Antonin, la Table théodosienne et la carte de Peutinger; *Urbs Vapincensium* dans la Notice des cités gauloises, publiée sous le règne d'Honorius, et *Vapingum* dans les œuvres de l'empereur Julien-le-Philosophe et Grégoire de Tours.

Les monnaies mérovingiennes lui donnent le nom de *Vapincum* : dans les chartes de Saint-Victor, au xi⁰ siècle, son nom apparaît avec la forme presque moderne de *Guapincum*.

Enfin les monnaies baronnales qualifient l'évêque de cette ville d'*episcopus Vapincensis*, *Vapitensis*, *Vapiensis* et les sceaux d'*episcopus Vapincensis*.

Les municipes romains, — et Gap était de ce nombre, — s'administraient eux-mêmes en toute liberté par des décurions chargés de percevoir leurs revenus et de veiller à la défense de la cité. Les Romains respectèrent toujours les libertés municipales et la centralisation Romaine nous semblerait un bienfait aujourd'hui.

A l'époque mérovingienne cet état de choses ne subit pas de bien grandes modifications; l'aristocratie Franque remplaça les fonctionnaires impériaux, mais les communes conservèrent leurs droits et les exercèrent par leur corps municipal composé de notables citoyens ; les cités acquirent même à cette époque un privilége nouveau : le droit de justice dont elles n'avaient joui qu'imparfaitement durant la période romaine. Le comte amovible représentant l'aristocratie conquérante aurait pu, il est vrai, entreprendre contre la liberté des communes, mais l'évêque, *défenseur* de la cité, servait de barrière à son autorité et protégeait efficacement les priviléges des villes épiscopales.

En passant sous le sceptre des Carlovingiens, ces villes conservèrent une grande autonomie et continuèrent à s'administrer suivant leurs vieilles coutumes. La création par Charlemagne des *missi domi nici* et des *scabini* (échevins) assura aux cités une bonne administration et un recours efficace contre les abus de pouvoir du comte ou de l'évêque.

Mais à la fin du IXe siècle les Normands et les Sarrasins dévastèrent les provinces mal défendues par les faibles successeurs du grand empereur, ruinèrent les villes et les forcèrent à se jeter dans les bras des comtes et à déposer entre leurs mains une autorité presque absolue. Alors s'accomplit la véritable conquête de la Gaule : les comtes devenus héréditaires se construisirent de fortes demeures, établies dans l'origine contre les barbares envahisseurs, mais d'où ils purent défier plus tard leurs vassaux et les rois.

L'anarchie et la tyrannie féodales s'étendirent sur la France entière.

L'invasion des Sarrasins au Xe siècle vint couper court dans nos contrées à cet état de choses et détruire ce commencement de féodalité. Il ne paraît pas que la ville de Gap ait eu beaucoup à souffrir de cette invasion. Les envahisseurs, peu nombreux ou politiques fort habiles, se contentèrent probablement de se partager une partie des terres et respectèrent les libertés municipales, que nous voyons reparaître intactes après l'expulsion des étrangers en 992.

Le XIe siècle fut pour la ville de Gap l'époque où elle jouit avec le plus de plénitude de toutes ses libertés. L'évêque, devenu seigneur temporel et les vicomtes établis dans Gap par les comtes de Forcalquier, également puissants tous deux, se servirent de contre-poids au grand avantage de la cité.

Les citoyens de Gap avaient à cette époque la nomination de leurs magistrats, l'établissement et la levée des impôts, un juge pour les causes municipales, le droit de s'assembler en armes, d'attaquer et de se défendre, et enfin la garde des clefs de la ville. La communauté possédait encore des moulins, des fours et plusieurs vastes terres. Les citoyens de Gap avaient en outre le privilége de concourir avec le chapitre à la nomination de leur seigneur évêque.

Tous ces priviléges furent confirmés à perpétuité aux consuls de Gap par Gautier, vicaire de l'empire dans le royaume d'Arles en 1240.

Lorsque les vicomtes de Gap eurent été dépouillés et chassés en 1095 et lorsque l'évêque et les bourgeois furent restés seuls en face l'un de l'autre, on devait s'attendre à voir bientôt les abus de pouvoir des premiers exciter parmi les seconds des soulèvements populaires. Cependant le caractère religieux des seigneurs de Gap et la faiblesse de leur pouvoir naissant retardèrent l'explosion du mécontentement public. Il est à remarquer en outre que le gouvernement des évêques fut doux et paternel aussi longtemps que les habitants de Gap purent concourir avec le chapitre à la nomination de ces prélats : la tyrannie et l'insurrection commencèrent au XIIIe siècle, alors que le chapitre s'empara, contre le droit et malgré le Saint-Siége, du privilége exclusif de choisir le seigneur spirituel et temporel de Gap. Toute la fin de ce siècle et une grande partie des siècles suivants sont remplis de conflits sanglants entre les évêques, les seigneurs du voisinage et les bourgeois.

L'agression vint du pouvoir épiscopal. L'évêque Othon II passa en 1267 à Corps un traité avec le Dauphin, par lequel ces deux seigneurs s'engageaient à se donner mutuellement aide et protection et se partageaient tous les droits dont Gap jouissait de temps immémorial. Cette ville ne reconnaissait à cette époque pour suzerain ni l'évêque ni le Dauphin, mais le comte de Provence seulement, et prétendait s'administrer, s'imposer et se défendre elle-même sans leur autorisation. Trop faibles pour résister à leurs ennemis les armes à la main, les bourgeois eurent recours à la diplomatie et, en 1271, cédèrent par un acte authentique au Dauphin tous les droits dont il s'était emparé à la suite du funeste traité de 1267. C'était le *consulat*, consistant en une juridiction de police nommée *costel* et en des droits sur les denrées portées au marché de Gap ou traversant cette ville. Les bourgeois s'engagèrent en outre à céder au Dauphin les terres de Furmeyer, de Montalquier et à lui fournir cent hommes d'armes équipés à leurs frais, pendant trente jours en temps de guerre. La commune de Gap espérait en sacrifiant une partie de ses priviléges sauver le reste et surtout briser l'alliance fatale conclue entre le Dauphin et l'évêque.

Othon II, furieux, s'engagea avec le comte de Provence par un traité semblable à celui de Corps, et lui reconnut les mêmes droits que la ville venait de céder au Dauphin.

Aussitôt les bourgeois se levèrent en armes, le chassèrent de leur ville et se préparèrent à la défense. L'évêque se réfugia à la cour de Provence et au bout de peu de temps revint accompagné par les hommes d'armes de Charles d'Anjou. La guerre dura plus d'un an mêlée de succès et de revers pour les deux partis : toute la noblesse du Haut-Dauphiné avait pris fait et cause pour l'un ou pour l'autre. Un traité intervenu en 1274 respecta les faits accomplis : le Dauphin conserva les droits que lui avait cédés la ville, et un gentilhomme et un chanoine eurent désormais leur entrée dans le corps municipal.

Mais l'évêque ne pouvait consentir à voir le Dauphin, son ancien allié par lequel il se prétendait trahi, jouir des droits que lui-même avait cédés au comte de Provence. En 1278, au mépris de la foi jurée, il lance l'excommunication contre Jean-le-Noir, châtelain de Montorcier, représentant à Gap les intérêts du Dauphin, contre tous les agents de ce prince et contre ses propres sujets ; il avait eu soin d'abord de se retirer dans son château-fort de Rambaud. Les bourgeois allèrent l'y chercher en armes et le ramenèrent prisonnier à Gap. Le palais épiscopal et les maisons des chanoines furent démolis de fond en comble et l'évêque resserré étroitement jusqu'au moment où il lèverait l'excommunication qu'il avait si imprudemment prononcée. Il consentit à tout ; mais, à peine libre, il se retira à la cour de Provence, implora des secours, les obtint, et revint à la tête d'une armée commandée par le prince de Salerne, fils de Charles d'Anjou. Malgré une défense acharnée, Gap fut réduit et emporté de vive force après quelques jours de siége, l'évêque investi d'un pouvoir absolu, et la commune privée de tous ses priviléges et libertés.

Cet état de choses persista jusqu'à la mort d'Othon II : à cette époque Raymond de Mévouillon et le prince de Salerne, alors prisonnier en Sicile, rendirent à la ville une partie de ses droits ; l'évêque garda seulement les fours banaux pour s'indemniser des pertes que la guerre lui avait fait subir.

Enfin en 1300, sous l'épiscopat de Geoffroy de Launcel, un traité solennel régla les droits de chacun. Le comte de Provence conservait le majeur domaine du Gapençais ; le Dauphin, le consulat, la terre de Montalquier et cent hommes d'armes fournis par la ville ; l'évêque, le droit de justice, la juridiction de police, la garde des clefs et les fours banaux ; la ville nommait ses magistrats et pouvait s'imposer suivant ses besoins.

Telle fut la première et la plus grave des séditions qui ensanglantèrent la ville de Gap ; elle avait duré près de quarante ans. Cinq ans après (1305) les bourgeois de Gap se reconnurent pour la première fois vassaux de l'évêque, et treize cents chefs de famille lui prêtèrent foi et hommage *more nobilium*.

De nouvelles luttes entre l'autorité épiscopale et la commune signalèrent l'épiscopat d'Henri de Poitiers (1349-1353) et se terminèrent par la prise d'assaut de Gap par le comte de Valentinois.

L'acte le plus important de ce siècle fut la transaction intervenue entre la communauté de Gap et Jacques de Montauban son évêque, le 7 mai 1378, et qui peut être considérée comme la grande charte de cette ville. Cet acte public fut signé, grâce à l'intervention de Pierre Borelly, grand inquisiteur, après plusieurs années de luttes entre les deux partis ; il est fort long et entremêlé, suivant le déplorable usage du moyen-âge, les objets les plus vulgaires aux questions les plus importantes et les plus vitales. En voici l'analyse :

I. « Les tribunaux épiscopaux ne peuvent procéder criminellement pour les faits civils ni civilement pour les faits criminels ; les procès criminels devront commencer par une accusation légitime.

II. « On ne peut contraindre les habitants au paiement du cens par l'excommunication si quinze jours avant on ne les a avertis eux-mêmes ou on n'a laissé copie de l'avertissement à leur domicile en présence de témoins.

III. « S'il y a nécessité de perquisition on devra cinq jours avant donner copie de l'accusation à l'accusé à ses frais, à moins qu'il n'y ait crime énorme, danger de fuite ou absence d'immeubles de la valeur de 50 florins dans la juridiction de l'évêque.

IV. « Après le premier interrogatoire on doit mettre l'accusé en liberté sous caution, à moins qu'il ne s'agisse d'un crime énorme accompagné de graves présomptions.

V. « L'accusation portée par un seul témoin est nulle.

VI. « Sont nulles toutes les procédures contraires aux stipulations ci-dessus.

VII. « Aucun employé de la communauté n'a de compte à rendre à l'évêque, mais aux délégués de la communauté seulement. Les prud'hommes et conseillers peuvent requérir les magistrats épiscopaux de forcer les comptables de la communauté à rendre leurs comptes.

VIII. « Il est défendu à ceux qui ne sont pas vassaux directs de l'évêque d'avoir des chevaux de bataille : ils peuvent seulement avoir des armes.

IX. « Toutes les procédures faites dans l'intérêt des mineurs doivent être gratuites.

X. « Règlement du salaire des appariteurs pour les saisies.

XI. « Règlement du salaire du geôlier.

XII. « Amende infligée aux citoyens qui sont convoqués pour la *cherche* (patrouille) et y manquent.

XIII. « Règlement du salaire du crieur public.

XIV. « Règlement du salaire des notaires : l'évêque ne peut empêcher personne de postuler et acquérir la charge de procureur.

XV. « S'il y a transaction entre les parties, les notaires et procureurs ne peuvent rien exiger.

XVI. « On ne peut être forcé de faire sceller ou extraire ses titres si ce n'est pour les produire en justice: salaire du greffier, en ce cas.

XVII. « Rien n'est dû aux officiers de l'évêque, pour écrou, perquisition, sortie ou condamnation d'un citoyen, à moins que le juge n'y ait pourvu par son jugement.

XVIII. « On ne peut rien exiger pour prestation du serment de calomnie.

XIX. « Les officiers de l'évêque éliront annuellement deux communaux ou estimateurs ; ils prêteront serment entre les mains du greffier, estimeront les terres, maisons, jardins, le dommage causé, règleront les questions de bornage, placeront et changeront les limites.

XX. « Règlement du salaire des gardes du territoire.

XXI. « Toute mesure est licite pourvu qu'elle soit loyale et marquée par les officiers de l'évêque.

XXII. « Lorsque la cour devra procéder contre un détenteur de fausses mesures, elle nommera d'abord trois personnes probes de la ville, qui examineront, échantillonneront et feront rapport à la cour en concluant à acquittement ou condamnation.

XXIII. « Prix fixé pour la chaux.

XXIV. « Règlement que devront suivre les fourniers des fours banaux.

XXV. « Personne ne pourra introduire dans la ville du vin étranger, excepté l'évêque, les chanoines et sauf les cas de disette ou de maladie, avec autorisation des magistrats municipaux.

XXVI. « Le vin introduit frauduleusement sera distribué aux pauvres : les officiers de l'évêque négligents seront responsables de l'amende.

XXVII. « Le commerce du vin est libre au dehors et au dedans, à moins que les syndics n'en demandent la défense pour cause de disette ou guerre prochaine; l'évêque, dans ce cas, devra l'ordonner.

XXVIII. « L'évêque ne pourra publier le ban des vendanges que sur la réquisition des syndics : il devra obtempérer aussitôt à leur réquisition.

XXIX. « Les portes de la ville ne pourront être fermées le jour sans nécessité absolue ; l'évêque nourrira les portiers.

XXX. « Les citoyens ne seront pas forcés d'ouvrir à l'évêque les portes de la ville avant qu'il ait approuvé, ratifié, confirmé, promis et juré sur les évangiles de garder inviolablement les franchises susdites et souscrites, les libertés, immunités et tous autres pactes ou conventions jadis passés entre les prédécesseurs dudit évêque de Gap et les citoyens, desquelles on lui rapportera preuve par témoins irréprochables et par actes, et maintenir lesdits citoyens et conserver lesdits hommes dans la paisible possession d'iceculx sans aucune nouveauté ; et de plus il ne pourra contraindre aucun citoyen ou habitant à lui prêter hommage ni faire serment de fidélité qu'après avoir donné à tous ceux de la ville un honnête dîner.

XXXI. « Les citoyens sont libres de choisir où et quand il leur plaira des procureurs pour veiller à leurs procès, des conseillers pour défendre leurs libertés et des ouvriers pour leurs fortifications.

XXXII. « Les citoyens peuvent avoir une maison commune où ils déposeront leurs armes et munitions ; ils pourront s'assembler quand bon leur semblera, pour s'imposer, sans l'autorisation de l'évêque : le juge de l'évêque devra seulement confirmer l'élection des syndics.

XXXIII. « La ville pourra établir un impôt pour réparer les murailles ; l'évêque devra l'approuver.

XXXIV. « Les transactions sont libres, sauf des cas exceptionnels jugés tels par les syndics.

XXXV. « Règlement pour les bouchers.

XXXVI. « Tout homme qui voudra devenir citoyen, manant et habitant de la ville, jouira de ses priviléges, libertés et droits, sans que l'évêque puisse s'y opposer.

XXXVII. « L'évêque ou ses officiers ne peuvent exiger des habitants aucune nouvelle charge réelle, mixte ou personnelle, ordinaire ou extraordinaire, tailles, quêtes, subsides, prêts, cautions, mais ils doivent les maintenir dans leurs priviléges et libertés.

XXXVIII. « D'après la coutume de la ville, l'évêque s'interdit de faire grâce aux condamnés.

XXXIX. « L'évêque n'a aucun pouvoir sur les montagnes, pâturages, paquerages et autres lieux publics appartenant à la ville, à moins que la majorité des habitants ne le lui donne.

XL. « Règlement pour les meuniers.

XLI. « L'évêque peut forcer les emphytéotes et censiers au paiement des arrérages, mais il ne peut mettre leurs biens sous séquestre s'ils n'ont, par fraude, diminué les garanties qu'ils avaient données à l'évêque.

XLII. « Les étrangers qui possèdent des maisons à Gap ou des biens dans son territoire, seront inscrits de plein droit sur le livre des contributions pour réparation ou construction des fortifications.

XLIII. « Émoluments de la cour épiscopale ; droit de citation contre un contumace.

XLIV. « Droit de citation sous la marque de la crosse.

XLV. « Droit de deuxième citation contre un contumace.

XLVI. « Droit d'exhibition et exécution des mandements (jugements).

XLVII. « Droit de latte et de calomnie.

XLVIII. « Droit d'expédition et de sceau des lettres de la cour.

XLIX. « Droit de lettres monitoires sans sentence d'excommunication.

L. « Droit d'absolution de procès.

LI. « Droit de lettres monitoires avec excommunication.

LII. « Droit de lettres de suspenses.

LIII. « Droit d'aggravatoires jusqu'à l'admonestation, pour lettres monitoires, pour lettres d'interdit.

LIV. « Droit de mariage, d'ordonnance d'absolution pour mariage clandestin, de dispense d'âge.

LV. « Droit de saisie.

LVI. « Droit d'expédition et de sceau.

LVII. « Chaque porte aura deux clefs, l'une entre les mains de l'évêque, l'autre dans celles des syndics. Les portiers devront ouvrir et fermer les portes aux heures et temps convenables; ils devront être originaires de la ville. La réparation au bois ou au fer des portes devra être faite à frais communs par la ville et l'évêque, auquel de plein droit appartient le domaine de ladite ville, tant au spirituel qu'au temporel.

LVIII. « Tous les officiers de l'évêque seront tenus, avant d'entrer en fonctions, de prêter serment, de respecter les franchises et libertés de la communauté, faute de quoi les habitants pourront leur refuser obéissance et leurs actes seront nuls ; ce serment sera prêté entre les mains des syndics ou prud'hommes de la ville. Tous les articles précédents seront transcrits sur un livre de parchemin et sur un tableau qui sera attaché dans la cour épiscopale par une chaîne. »

Cette transaction ne fut pas observée par l'évêque ; cinq ans après (15 mai 1383) on rédigeait une transaction supplémentaire dans laquelle nous remarquons cet article curieux :

« Si le seigneur évêque et ses officiers ne respectent pas les fran-
« chises et libertés de la ville de Gap, les bourgeois ont le droit de
« lui refuser obéissance et de se révolter contre son autorité. »

Ces contrats entre l'évêque et ses vassaux auraient pu, s'ils avaient été observés loyalement, assurer pour longtemps l'indépendance de la ville de Gap : il n'en fut rien. Au milieu du xve siècle, quand la puissance royale, enfin victorieuse de l'invasion anglaise, s'affermissait tous les jours et se préparait à absorber les petites souverainetés provinciales, l'évêque et les bourgeois de Gap, au lieu de s'unir contre l'ennemi commun, ne songeaient qu'à s'attaquer et à s'amoindrir l'un l'autre.

Le long épiscopat de Gaucher de Forcalquier (1442-1486) est plein de ces luttes déplorables dans lesquelles le Dauphin intervient à chaque instant, fait saisir le temporel de l'évêque, envoie ses soldats prendre parti pour l'un ou pour l'autre des combattants, et enfin acquiert une autorité considérable aux dépens des libertés de la cité et de l'autorité de l'évêque.

Aussi en 1511 voyons-nous le roi Louis XII imposer à l'évêque de Gap l'obligation de lui rendre hommage, incorporer cette ville au Dauphiné et y établir une bailliage avec recours au parlement de Grenoble.

Il avait été stipulé, il est vrai, dans ce traité, que le Gapençais ne serait jamais compris dans le rôle des tailles avec le reste de la France, mais malgré les réclamations des bourgeois et de l'évêque, il fallut, en 1558, payer bon gré, mal gré, sur ordre du roi et du parlement.

A peu près à cette époque, Gap éprouva le besoin de modifier son ancienne constitution municipale; le Parlement de Grenoble se chargea, en 1554, de lui rédiger un règlement municipal nouveau en cinquante articles; ce règlement n'eut qu'une existence éphémère. En 1601 les commissaires délégués pour veiller à l'exécution de l'édit de Nantes promulguèrent un règlement différent portant le nombre des conseillers à vingt-quatre, dont onze catholiques, onze protestants et deux chanoines du chapitre de Saint-Arnoul; les consuls, étaient au nombre de trois : l'un catholique, l'autre protestant, et le troisième était choisi alternativement dans chacune des religions. Un arrêt du conseil du 25 juin 1624 statua que les réformés ne seraient admis qu'au nombre de deux dans le conseil des vingt-quatre et que deux des consuls devraient être pris parmi les catholiques.

Enfin, une ordonnance du 2 mai 1681 exclut définitivement les réformés du consulat et du conseil de la ville de Gap.

CHAPITRE II.

DESCRIPTION DES SCEAUX DE LA VILLE DE GAP.

ARTICLE I. — SCEAUX DE LA VILLE DE GAP.

Les armoiries de la ville de Gap sont : *d'azur à la porte de ville d'or surmontée de quatre tourelles dont deux couvertes et deux crénelées de même.*

Je ne connais pas de sceaux de la cité de Gap antérieurs à la fin du XVIe siècle; tous ceux que j'ai pu recueillir sont en papier ou en cire d'Espagne plaqués sur l'acte lui-même et de petite dimension. Ce sont plutôt des cachets que des sceaux. En voici la description :

N° 102. Porte de ville à quatre tours, celles du milieu plus hautes, avec un toit, les deux autres crénelées ; au-dessous porte à plein cintre et le mot GAP, le tout dans un écusson déchiqueté entouré d'un cordon perlé.

Cachet ovale de vingt millimètres en papier, sur pâte rouge.

Appliqué à une lettre des consuls de Gap à l'évêque Paparin de Chaumont. 1582.

Archives des Hautes-Alpes.

N° 103. Porte de ville à quatre tours percées de fenêtres, celles du milieu, plus hautes, avec un toit, les autres crénelées, dans une bordure engrelée. Le bas du sceau est effacé.

Cachet ovale de vingt-six millimètres, en papier sur pâte rouge.

Appliqué à une lettre des consuls de Gap à l'évêque Paparin de Chaumont. 1585.

Archives des Hautes-Alpes.

N° 104. Porte de ville à quatre tours ....., percée d'une porte à plein cintre et de deux fenêtres ; à l'exergue le mot GAP.

Sceau ovale de trente millimètres, appliqué à l'encre.

Apposé à un billet du premier consul de Gap enjoignant de laisser librement circuler le sieur Beaurepaire entre Gap et Embrun. 1637.

Archives municipales de Gap.

N° 105. Porte de ville à quatre tours percées de fenêtres, celles du milieu, plus hautes, avec un toit, les autres crénelées; au-dessous une porte à plein cintre, et à l'exergue le mot GAP, le tout dans un cordon perlé.

Sceau ovale de vingt-huit millimètres, en cire d'Espagne rouge.

Appliqué à une déclaration des consuls de Gap pour un procès, en faveur de certains droits possédés par l'évêque de Gap. 1744.

Archives des Hautes-Alpes.

La matrice en cuivre de ce sceau existe encore à la mairie de Gap.

N° 106. Porte de ville à quatre tours, celles du milieu, plus élevées, avec toit, les autres crénelées; au-dessous porte à plein cintre surmontée de trois lucarnes rondes, le tout dans un cartouche carré entouré d'une banderolle sur laquelle on lit : L'AN. PREMIER. DE. LA. LIBERTÉ et timbrée d'une fleur de lys rayonnante ; au-dessous, dans un cartouche ovale orné : MUNICIPALITÉ. DE GAP. 1790.

Sceau ovale de trente millimètres.

La matrice en argent de ce sceau est conservée à la mairie de Gap.

ARTICLE II. — SCEAUX DES GOUVERNEURS DE GAP.

Le roi Louis XII installa dans la ville de Gap un gouverneur, en 1511, en même temps qu'un bailliage. On connaît pendant les XVIe et XVIIe siècles le nom des gouverneurs de Gap suivants :

François de Gruel de Laborel (1562).
Balthazard du Monetier de Comboursier (1575).
Étienne de Bonne d'Auriac (1585).
Tajan (1587).
Saint-Julien (1588).
François de Philibert de Montalquier (1601).
De Flotte du Villar (1614).
De Flotte de Jarjayes, fils du précédent (1625).
De Gruel du Saix (1628).
De Gruel de Villebois, fils du précédent (1690).

SCEAUX.

DU SAIX (1631).

N° 107. Écu chargé de trois grues placées 2 et 1, timbré d'une couronne de comte, accosté de deux branches de laurier, dans une bordure d'hémycicles.

Sceau ovale de vingt-huit millimètres, en papier sur pâte rouge.

Appliqué à un ordre du baron du Saix, gouverneur de Gap pour le roi, aux consuls de cette ville de fournir le transport, le logement et la nourriture au sieur Adrien Bonniard, voyageant pour le service du roi. Gap, 1631.

Archives municipales de Gap.

DE VILLEBOIS (1691).

N° 108. Ecu écartelé aux 1 et 4 de Gruel, aux 2 et 3 de Bonne dans un cartouche timbré d'une couronne de comte.

Sceau de vingt-deux millimètres, en cire d'Espagne rouge.

Appliqué à un ordre du comte de Villebois aux consuls de Tallard de fournir deux hommes anciens catholiques, pour garder le bac de la Durance. Tallard, 1691.

Ma collection.

La famille de Gruel, seigneurs du Saix, Laborel, Villebois, et plus tard de Sigoyer, descendait, dit-on, d'un notaire du Saix annobli par Gaucher de Forcalquier. Ils portaient : *de gueules à trois grues d'or posées 2 et 1.*

Le comte de Villebois, qui écartelait ses armoiries avec celles des de Bonne, était probablement fils ou mari d'une demoiselle de Bonne de la famille des de Bonne de Vitrolles, descendants du gouverneur d'Embrun, sous Lesdiguières, et fort petits gentilshommes, dont la race s'est éteinte il y a quelques années seulement.

ARTICLE III. — SCEAUX DES BOURGEOIS DE GAP.

En fait de sceaux des bourgeois de Gap, je n'ai trouvé que le suivant :

N° 109. ✠ s'.......olai. Personnage debout coiffé d'un chaperon et drapé dans un manteau.

Fragment de sceau ogival en cire jaune, suspendu par des attaches de chanvre.

Appendu à un testament par lequel Nicolas du Bourg, bourgeois de Gap, lègue tous ses biens à la chartreuse de Durbon. Gap, 1239.
Archives des Hautes-Alpes.

Je n'ai pas fait graver ce fragment de sceau sans intérêt.

IV

JURIDICTIONS ROYALES.

CHAPITRE I.

CONSIDÉRATIONS HISTORIQUES.

Louis II, dauphin, plus tard Louis XI, transforma en parlement du Dauphiné le conseil delphinal créé par Humbert II ; par une ordonnance nouvelle datée de 1447, il modifia profondément l'organisation judiciaire de la province.

Le Dauphiné comptait autrefois sept bailliages : ceux du Graisivaudan, de Viennois-Valentinois, de Viennois-la-Tour, des Baronnies, du Gapençais, de l'Embrunais et du Briançonnais. Louis II les remplaça par deux divisions plus étendues : le bailliage de plein pays et le bailliage des montagnes, dont les titulaires avaient de larges attributions, mais plutôt militaires que judiciaires.

La partie du diocèse de Gap située dans le Dauphiné était comprise dans le bailliage des montagnes. Ce bailliage était divisé en quatre siéges ou vi-bailliages établis au Buis pour les Baronnies, à Serres pour le Gapençais, à Embrun et à Briançon pour l'Embrunais et le Briançonnais.

Le roi Louis XII, en 1511, força par la menace et la saisie de son temporel, l'évêque de Gap, à lui laisser transférer dans cette ville le siège du bailliage du Gapençais ; cette même année il y réunit la châtellenie du Champsaur qui jusque-là avait fait partie du bailliage de l'Embrunais.

A partir de ce jour la cour de l'évêque vit rapidement décroître ses attributions.

Les plaideurs trouvaient, avec raison, la justice royale plus éclairée, plus expéditive et plus sûre, et plus de garantie dans les appels portés directement au parlement de Grenoble sans passer par le conseil des appellations de l'évêque. Ce conseil, désormais inutile, fut supprimé au milieu du xvie siècle.

Bientôt la cour de l'évêque fut exclue de toute ingérence dans les causes criminelles, et sa compétence en matière civile même fut limitée à des sommes de peu d'importance.

A partir du xviie siècle la cour de l'évêque fut réduite au rang de tribunal de simple police.

Le personnel du bailliage de Gap se composait d'un vi-bailli, de son lieutenant civil et criminel, de deux assesseurs, d'un procureur et d'un avocat du roi, d'un greffier, et de plusieurs huissiers ou massiers.

Au commencement du xvie siècle une autre juridiction seigneuriale, jusque-là unie à la Provence et justiciable de son parlement, fut annexée au Dauphiné.

Par lettres patentes d'octobre 1513, datées d'Amiens, Louis XII réunit la vicomté de Tallard au Dauphiné, sur la demande de Bernadin de Clermont, vicomte de Tallard, et prescrivit que désormais les appels de cette judicature seraient portés directement au parlement de Grenoble sans être obligés de passer par les juridictions intermédiaires.

CHAPITRE II.

DESCRIPTION DES SCEAUX.

Tous les sceaux suivants sont de petite dimension et plaqués sur l'acte lui-même à l'aide de papier et de pâte rouge.

BAILLIAGE DE GAP.

ARTICLE I. — SCEAUX AUX CAUSES.

N° 110. ✠ PARVVM. SIGILLVM. CVRIE. DALPH. VAPIN. Écusson écartelé aux 1 et 4 de France, aux 2 et 3 de Dauphiné, timbré d'un rinceau.

Sceau orbiculaire de vingt-huit millimètres, en papier plaqué sur pâte rouge.

Appliqué à un ordre de Benoît Olier, vi-bailli, de saisir les biens de Pierre Grand, marchand à Gap, à la réquisition du chapitre de Saint-Arnoul, et, en cas d'opposition de sa part, de l'assigner à comparaitre le lendemain à son tribunal. 1567.

Archives du chapitre de Saint-Arnoul.

N° 111. GAP. E. GREF. DU. BAILLIAGE. Écusson écartelé aux 1 et 4 de France, aux 2 et 3 de Dauphiné, timbré d'une couronne royale.

Sceau orbiculaire de vingt-six millimètres, en papier plaqué sur pâte rouge.

Appliqué à une ordonnance d'Alexandre de Philibert, lieutenant civil et criminel, au massier du bailliage, d'assigner les consuls de Gap à l'effet de répondre à une réclamation faite par le capitaine Jean Villar-le-Grand, de certaines sommes à lui dues pour vacations et visites faites aux routes environnantes, sur l'ordre de M. du Sault, lieutenant général du roi en Dauphiné. 1625.

Archives municipales de Gap.

On trouve plusieurs exemplaires de ces deux sceaux dans les diverses archives de Gap.

N° 112. (Légende effacée.) Écusson rond dans un cartouche, timbré de la couronne royale.

Sceau orbiculaire de vingt-six millimètres, en papier plaqué sur pâte rouge.

Appliqué à une autorisation donnée par le vi-bailli au syndic du chapitre de Saint-Arnoul de reprendre instance contre Balthazar Amat, seigneur du Poët. 1697.

Archives du chapitre de Saint-Arnoul.

Je n'ai pas fait graver ce sceau dont le type est à peine distinct.

ARTICLE II. — SCEAUX AUX CONTRATS.

N° 113. SIGIL. PARV. REG. CONTRAC. CVR. VAPIN. Écusson écartelé aux 1 et 4 de France, aux 2 et 3 de Dauphiné, timbré de la lettre M coupant la date 15-83.

Sceau orbiculaire de trente-trois millimètres, en papier plaqué sur pâte rouge.

Appliqué à l'arrentement par Salomon du Serre, évêque de Gap, d'une propriété épiscopale. 1603.

Archives du chapitre de Saint-Arnoul.

N° 114. SEL. ROIAL. POR. LES. CONTRA.... E. GAP..... Écusson écartelé aux 1 et 4 de France, aux 2 et 3 de Dauphiné.

Sceau orbiculaire de trente-un millimètres, en papier plaqué sur pâte rouge.

Appliqué à la copie certifiée par Claude Olier, vi-bailli, d'un hommage prêté en 1507 par dame Jeanne Malisanguinis, veuve de noble Albert de Briançon, coseigneur de Reynier, à l'évêque de Gap. 1604.

Archives du chapitre de Saint-Arnoul.

N° 115. ✼ SEEL. DES. CONTRACTS. DE. GAP. Écusson écartelé aux 1 et 4 de France, aux 2 et 3 de Dauphiné, timbré de la date 1672.

Sceau orbiculaire de vingt-sept millimètres, en papier plaqué sur pâte rouge.

Appliqué à un contrat de mariage par le lieutenant du bailliage. 1748.

Archives des Hautes-Alpes.

Il existe aux différentes archives de Gap plusieurs exemplaires des n°s 113 et 115.

JUSTICE DE TALLARD.

Le tribunal de Tallard se composait d'un juge, son lieutenant, un procureur fiscal, sept procureurs et un greffier.

Je n'ai trouvé de cette juridiction que le sceau au contrat suivant :

N° 116. SCEL. D'ACTES. D. NOTT. DE. TALLARD. Écu ovale de France dans un cartouche, timbré de la couronne royale et accosté des mots : ED-IT— 16-96. en deux lignes.

Matrice de sceau en cuivre de vingt-cinq millimètres.

Ma collection.

CHATELLENIE DE ROSANS.

N° 117. P. ★ SEL ★ ROIAL ★ DE ★ ROSANS ★. Écusson écartelé aux 1 et 4 du Dauphiné, le dauphin est tourné à droite, aux 2 et 3 de France, timbré d'une couronne.

Matrice de sceau en cuivre de vingt-sept millimètres.

Musée de Lyon.

SUPPLÉMENT

SUPPLÉMENT

L'impression de cet ouvrage était presque terminée lorsque j'ai trouvé, dans un article inséré dans le *Bulletin de la Société de statistique de l'Isère,* quatre bulles qui m'étaient inconnues, au milieu d'un certain nombre d'autres que je connaissais déjà. J'en donne ici la description pour rendre ce travail aussi complet que possible.

ROBERT (P. 31) (1).

N° 118. ✠ sigillum. roberti. L'évêque debout de face revêtu de la tunique, de l'aube et de la chasuble, coiffé de la mitre dont les pendants tombent sur ses deux épaules, bénissant de la main droite et tenant de la gauche la crosse dont le crocon est tourné en dedans.

ß ✠ episcopi. uapincensis. Bras de saint Arnoul en pal et bénissant.

Bulle de plomb de trente-sept millimètres de diamètre.

GEOFFROY DE LAUNCEL (P. 42).

N° 119. ✠ bulla. gaufridi. de. launcello. ✶ L'évêque à mi-corps de face, revêtu de la chasuble, coiffé de la mitre

---

(1) Les numéros placés à côté du nom de l'évêque renvoient à la description des sceaux de ces mêmes évêques dans le corps de l'ouvrage.

dont un pendant tombe sur son épaule gauche, portant le manipule au bras droit, bénissant de la main droite et tenant de la gauche la crosse à laquelle est suspendu le *sudarium* et dont le croçon est tourné en dehors. De chaque côté, dans le champ, une étoile.

℟ ✠ ᴅᴇɪ. ᴏ́ʀᴀ. ᴇᴘɪsᴄᴏᴘɪ. ᴠᴀᴘɪɴᴄᴇɴsɪs. Bras de saint Arnoul en pal et bénissant. Dans le champ sept étoiles et treize croisettes.

Bulle de plomb de trente-neuf millimètres de diamètre.

Cette bulle est la seule, dans la série sigillographique des évêques de Gap, où apparaisse le *sudarium*, sorte de mouchoir attaché à la crosse et dont l'évêque se servait pour essuyer la sueur qui mouillait son visage pendant les cérémonies publiques.

Il faut remarquer aussi le manipule placé par extraordinaire au bras droit, ainsi que les étoiles et les croisettes semées dans le champ du revers; ce genre d'ornementation est rare avant le milieu du xıvᵉ siècle.

OLIVIER DE LAYE (P. 45).

Nº 120. ✠ ʙᴠʟʟᴀ. ᴏʟɪᴠᴀʀɪɪ. ᴅᴇɪ. L'évêque à mi-corps de face, revêtu de la chasuble, coiffé de la mitre, bénissant de la main droite et de la gauche tenant la crosse dont le croçon orné est tourné en dehors.

℟ ✠ ᴏ́ʀᴀ. ᴇᴘɪ. ᴠᴀᴘɪɴᴄᴇsɪs. Bras de saint Arnoul en pal et bénissant.

Bulle de plomb de trente-neuf millimètres de diamètre.

J'ai déjà décrit le revers de cette bulle dans le corps de mon ouvrage, à l'article consacré à Bertrand de Launcel. En décrivant la bulle de cet évêque je faisais remarquer l'anomalie existant entre la légende de l'avers : sigill. bertrandi. de. launcello et celle du revers : ora. pro. uranicesis, sans le mot dex lien indispensable entre ces deux légendes. L'absence de ce mot est maintenant expliquée : le chancelier de l'évêque s'est servi de la matrice de la bulle d'Olivier de Laye pour le revers et de celle de Bertrand de Launcel pour l'avers : il a produit ainsi une bulle hybride et singulière.

BERTRAND DE LAUNCEL (P. 45).

N° 121. ✠ sigill. bertrandi. de. launcello. L'évêque debout de face aux deux tiers, vêtu de la tunique, de la chasuble, coiffé de la mitre, bénissant de la main droite et de la gauche tenant la crosse, le croçon tourné en dehors.

℟. ✠ dex. ora. pro. uarina...r... Bras de saint Arnoul en pal et bénissant.

Bulle de plomb de trente-huit millimètres de diamètre.

J'ai déjà publié l'avers de cette bulle dans le corps de mon ouvrage ; je le donne de nouveau, mais avec son véritable revers au lieu de celui d'Olivier de Laye.

Ces quatre bulles nouvelles, malheureusement détachées de leurs titres, viennent confirmer les déductions que j'avais tirées, dans mon *Coup d'œil sur les sceaux des évêques de Gap*, de l'examen de la série sigillographique de nos évêques.

FIN.

TABLE

TABLE

	Pages.
ERRATA	v
PRÉFACE	ix
INTRODUCTION	1

PREMIÈRE PARTIE.

SCEAUX RELIGIEUX.

I.
ÉVÊQUES.

CHAPITRE I. — CONSIDÉRATIONS HISTORIQUES	11
ARTICLE I. — Temps antérieur à l'établissement régulier du pouvoir des évêques	11
ARTICLE II. — Étendue du diocèse de Gap et juridiction spirituelle des évêques	13
ARTICLE III. — Formation de la souveraineté temporelle	14
ARTICLE IV. — Mode d'accession au siége épiscopal	17
ARTICLE V. — Juridiction temporelle des évêques de Gap	19
CHAPITRE II. — COUP D'ŒIL SUR LES SCEAUX DES ÉVÊQUES	22
ARTICLE I. — Ancienneté des sceaux des évêques de Gap	22
ARTICLE II. — Matière, forme, attaches et couleur	23
ARTICLE III. — Du type	26
ARTICLE IV. — Des légendes	28
CHAPITRE III. — DESCRIPTION DES SCEAUX DES ÉVÊQUES	30
CHAPITRE IV. — JURIDICTIONS ÉPISCOPALES	78

Article I. — De l'usage du sceau dans les juridictions épiscopales du diocèse de Gap. 78
Article II. — Description des sceaux des tribunaux épiscopaux 79
Article III. — Description des sceaux des juges épiscopaux 82

II.
CHAPITRE DE SAINT-ARNOUL.

CHAPITRE I. — Considérations historiques 83
CHAPITRE II. — Description des sceaux du chapitre de Saint-Arnoul . 89
CHAPITRE III. — Sceaux des dignitaires de l'église de Gap 92

III.
ABBAYES.

CHAPITRE I. — Abbayes de Clausonne et de Sourribes 95
CHAPITRE II. — Abbaye de Durbon 96
   Article I. — Considérations historiques 96
   Article II. — Description des sceaux de Durbon 97
   Article III. — Sceaux du juge de Durbon 99
CHAPITRE III. — Abbaye de Berthaud 101
   Article I. — Considérations historiques 101
   Article II. — Description des sceaux de Berthaud 102
CHAPITRE IV. — Abbaye de Clairecombe 104

IV.
PRIEURÉS.

CHAPITRE I. — Considérations historiques 107
CHAPITRE II. — Description des sceaux des prieurés 109
   Prieuré d'Aspres 109
   Article I. — Sceaux du prieuré 109
   Article II. — Sceaux des prieurs 110
   Article III. — Sceaux de la cour d'Aspres 112
   Prieuré de Lagrand 113
   Article I. — Sceaux du prieuré 113
   Article II. — Sceaux des prieurs 114
   Prieuré de Montmaur 114

DEUXIÈME PARTIE.

SCEAUX CIVILS.

I.
DAUPHINS DE VIENNOIS.

	Pages.
CHAPITRE I. — CONSIDÉRATIONS HISTORIQUES	119
ARTICLE I. — Établissement du pouvoir des Dauphins dans le diocèse de Gap	119
ARTICLE II. — Droits exercés par les Dauphins sur leurs vassaux du diocèse de Gap	120
ARTICLE III. — Juridictions des Dauphins dans le diocèse de Gap . . .	122
CHAPITRE II. — DESCRIPTION DES SCEAUX DES DAUPHINS	124
ARTICLE I. — Sceaux des Dauphins	124
ARTICLE II. — Sceaux des juridictions delphinales	127

II.
SEIGNEURS.

CHAPITRE I. — COUP D'ŒIL SUR LES SCEAUX SEIGNEURIAUX	131
ARTICLE I. — Ancienneté des sceaux seigneuriaux	131
ARTICLE II. — Matière, forme, attaches et couleur	132
ARTICLE III. — Du type	133
ARTICLE IV. — Des légendes	137
CHAPITRE II. — DESCRIPTION DES SCEAUX SEIGNEURIAUX	138
Argenson	138
Barret	139
La Baume	140
Manteyer	141
Mison	143
Montmaur	144
Oze	149
Le Poët	150
Pontis	151
La Roche des Arnauds	152

	Pages.
Savournon	154
Serres	155
Tallard	158
ARTICLE I. — Sceaux des seigneurs	158
ARTICLE II. — Sceaux de la juridiction	160
Ventavon	161

III.

VILLE DE GAP.

CHAPITRE I. — CONSIDÉRATIONS HISTORIQUES	163
CHAPITRE II. — DESCRIPTION DES SCEAUX	177
ARTICLE I. — Sceaux de la ville de Gap	177
ARTICLE II. — Sceaux des gouverneurs de Gap	179
ARTICLE III. — Sceaux des bourgeois de Gap	180

IV.

JURIDICTIONS ROYALES.

CHAPITRE I. — CONSIDÉRATIONS HISTORIQUES	183
CHAPITRE II. — DESCRIPTION DES SCEAUX	186
Bailliage de Gap	186
ARTICLE I. — Sceaux aux causes	186
ARTICLE II. — Sceaux aux contrats	187
Justice de Tallard	188
Châtellenie de Rosans	189
SUPPLÉMENT	193
TABLE	199

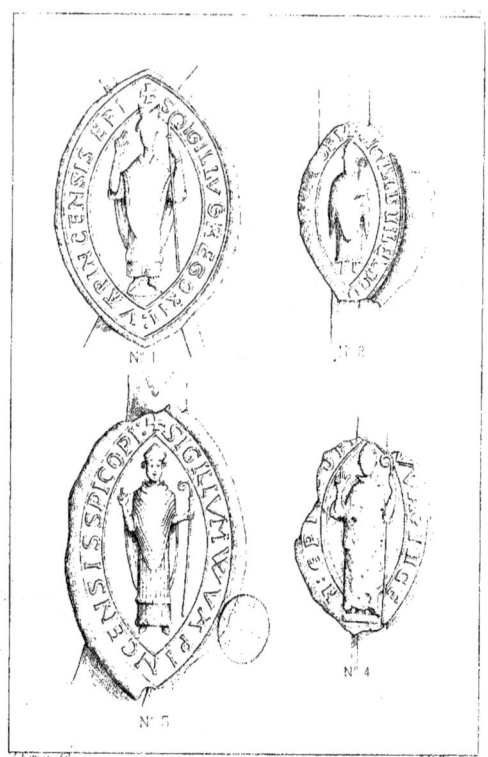

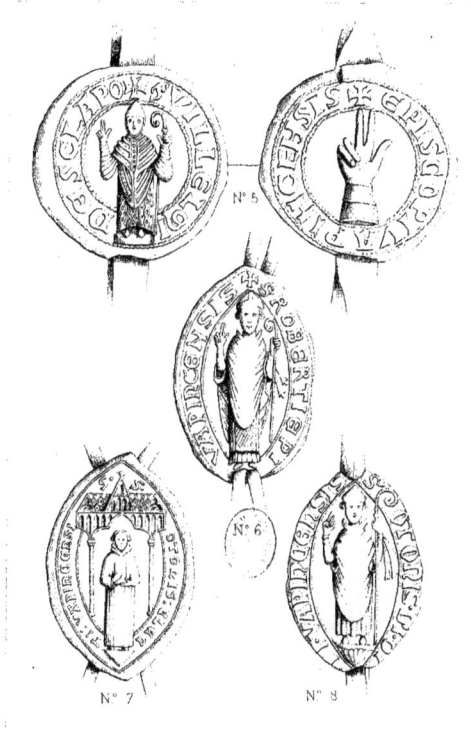

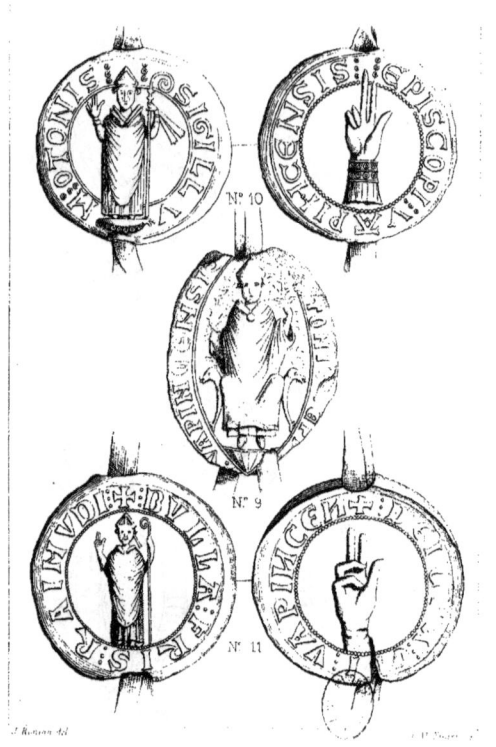

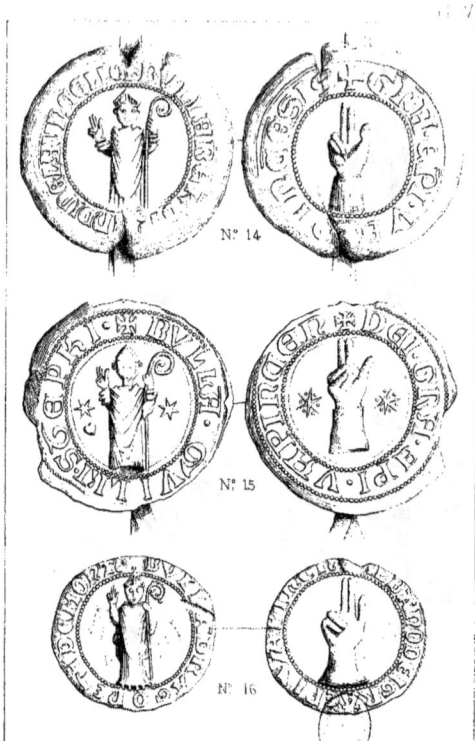

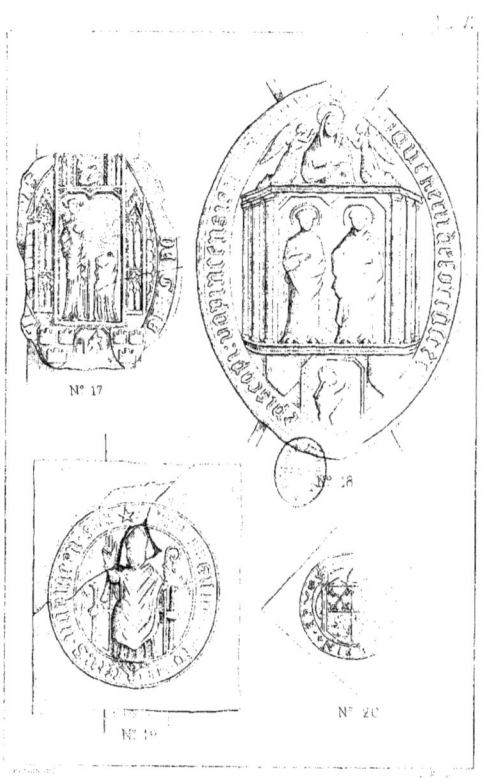

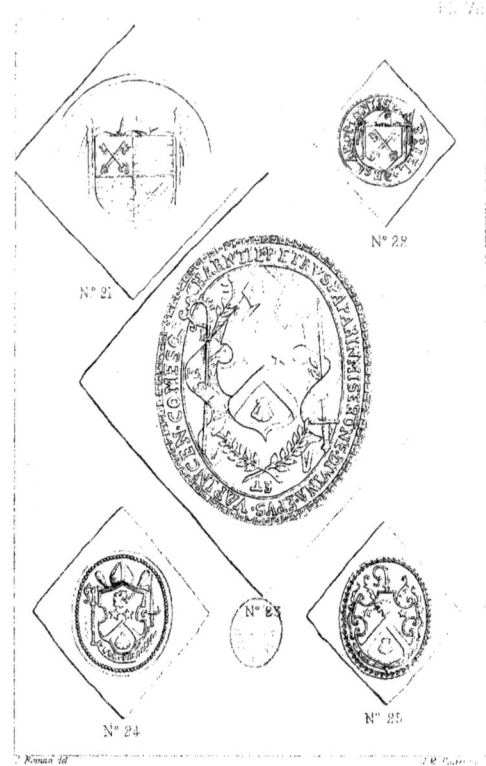

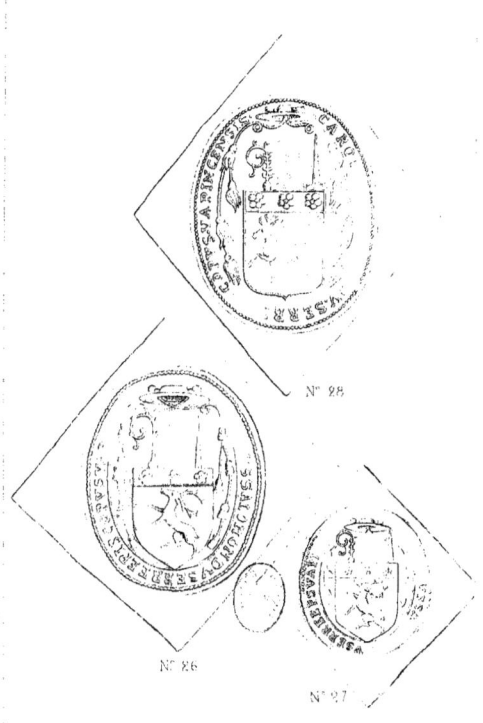

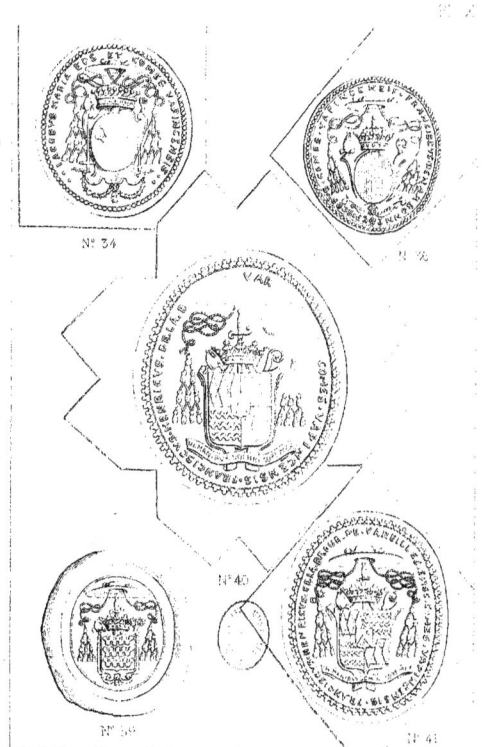

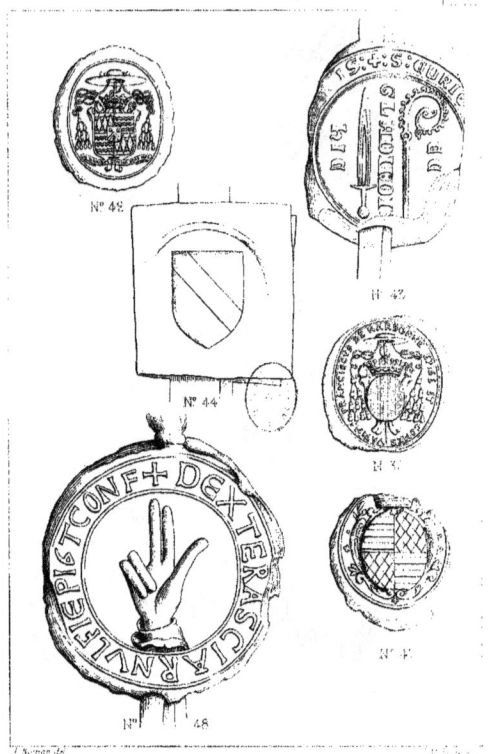

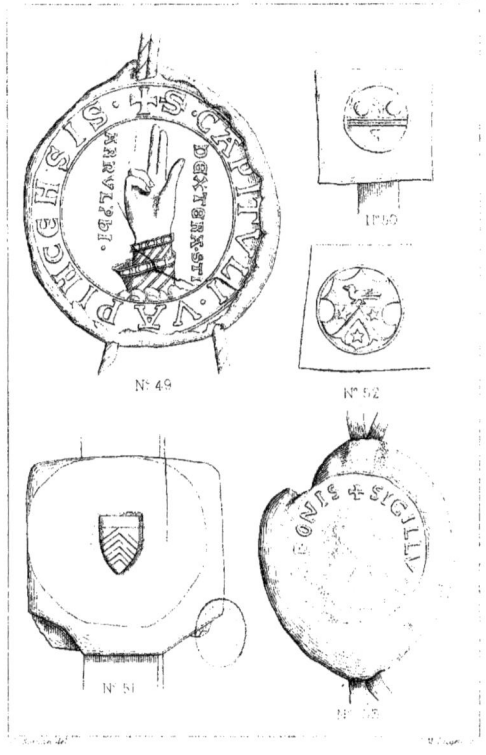

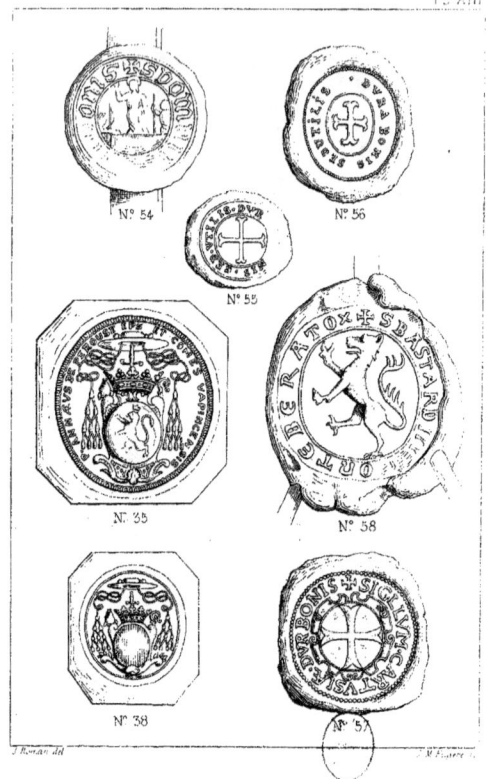

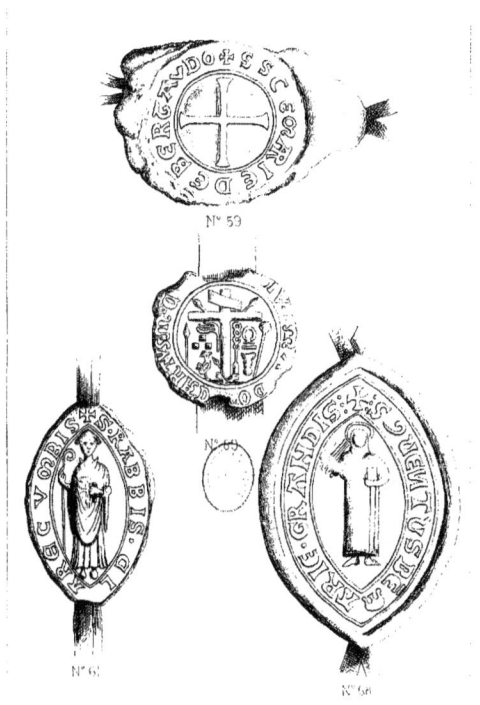

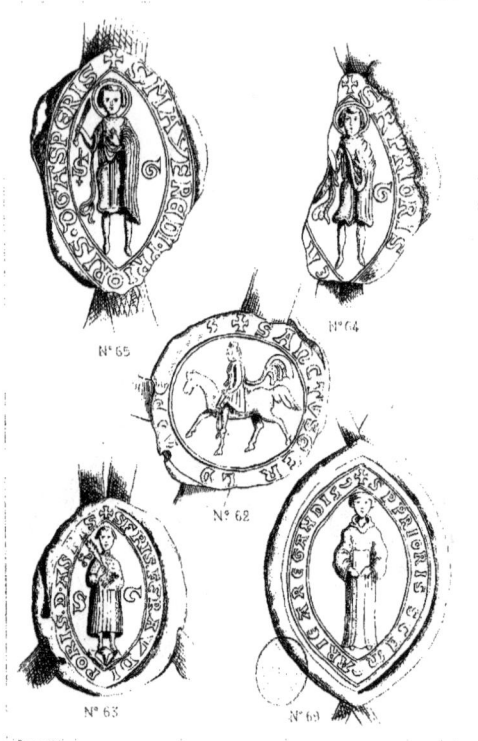

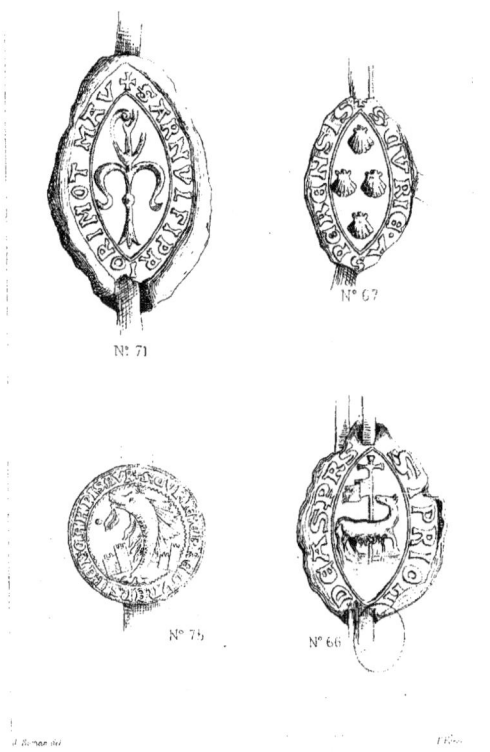

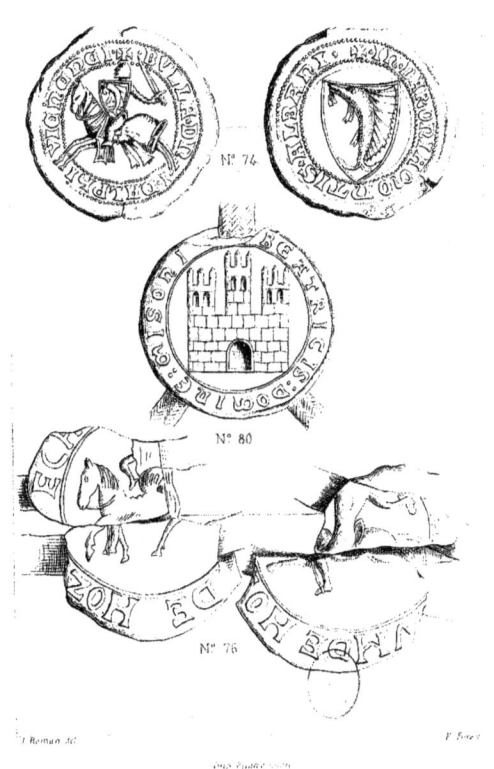

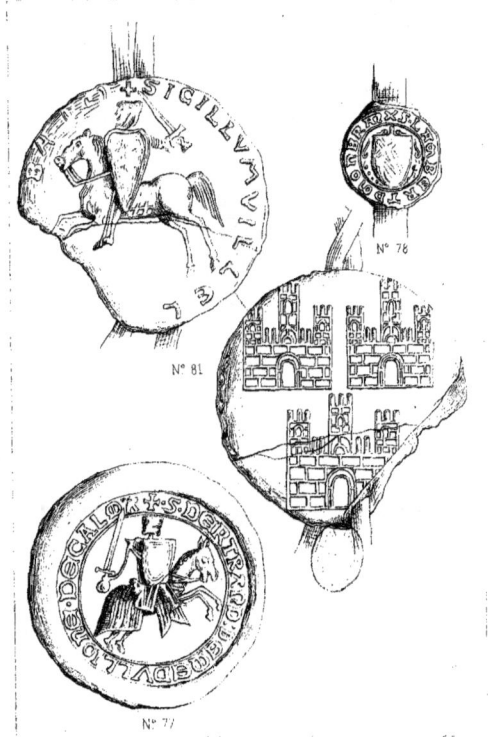

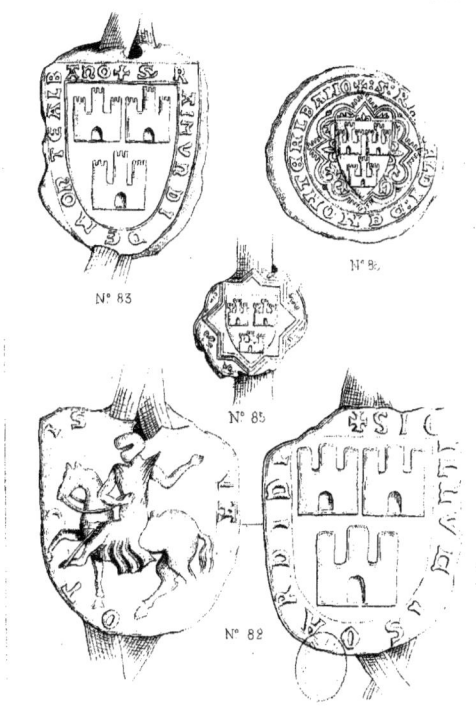

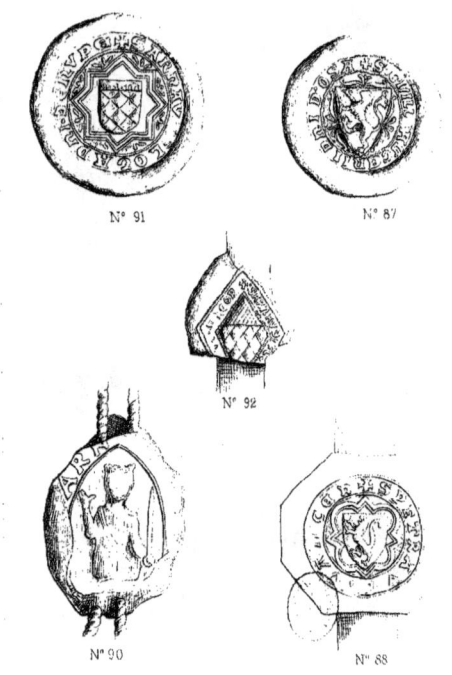

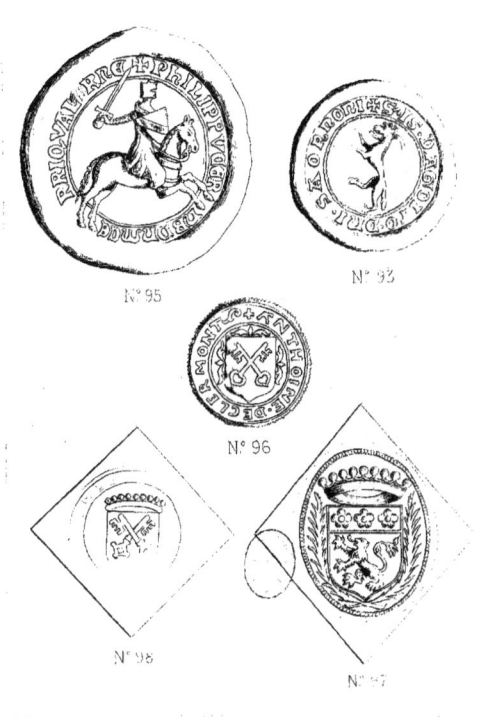

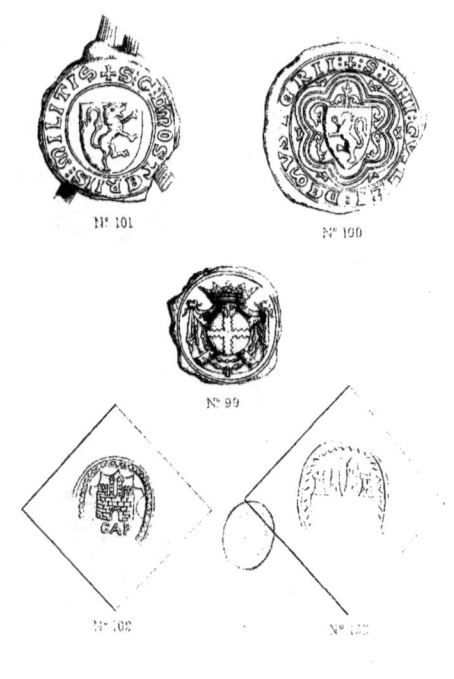

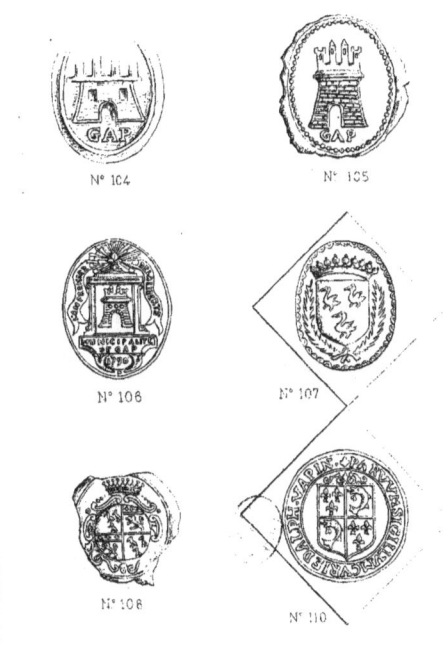

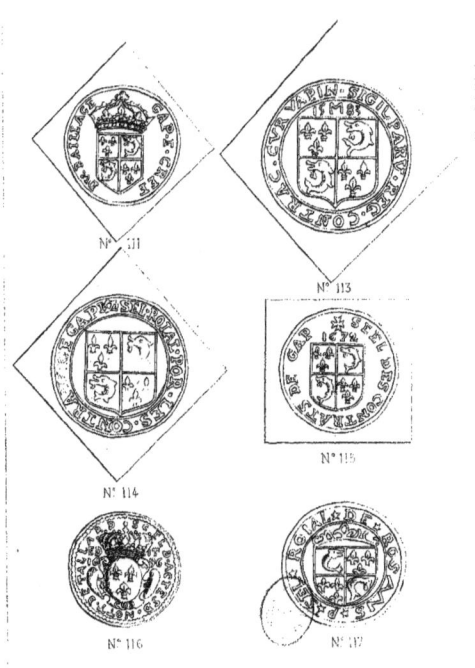

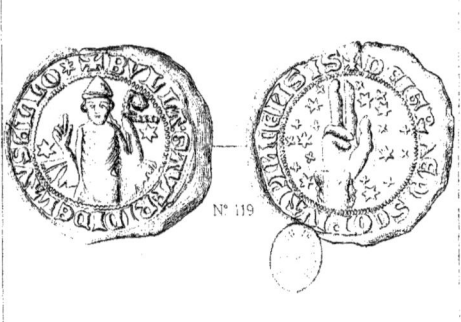

www.ingramcontent.com/pod-product-compliance
Lightning Source LLC
Chambersburg PA
CBHW071900160426
43198CB00011B/1171